ACTES DE SAMUEL DE DABRA WAGAG

CORPUS
SCRIPTORUM CHRISTIANORUM ORIENTALIUM
EDITUM CONSILIO
UNIVERSITATIS CATHOLICAE AMERICAE
ET UNIVERSITATIS CATHOLICAE LOVANIENSIS

Vol. 288

SCRIPTORES AETHIOPICI
TOMUS 58

ACTES DE SAMUEL DE DABRA WAGAG

TRADUITS PAR
Stanislas KUR

LOUVAIN
Secrétariat du CorpusSCO
49, ch. de Wavre
1968

INTRODUCTION

Samuel (*Sāmu'ēl*), le fondateur du couvent de Dabra Wagag, dont nous publions les Actes, est mort, selon ses Actes, le 29 de *ṭeqemt* [1] et sa fête a été fixée à ce jour; le 27 de *genbot* ses os ont été transportés à Dabra Wagag [2]. Dans le synaxaire éthiopien je n'en ai pas trouvé de mention, ni dans la traduction de Budge [3], ni dans les catalogues des manuscrits contenant le synaxaire [4].

Le couvent de Dabra Wagag, détruit par les invasions musulmanes et ensuite reconstruit [5], est classé parmi les plus importants de l'Éthiopie par une autre œuvre éthiopienne, *L'Homélie en l'honneur de l'Archange Ouriel,* dont la composition remonte probablement du règne de Ménélik II. L'auteur, ayant introduit dans son œuvre un véritable catalogue des principaux sanctuaires qui ont fait la gloire de l'Éthiopie chrétienne, conclut : « Ils (nos pères) nous disent aussi que Dabra Abbāy, Gadāma Wāli, Dabra Wagag, Gadāma Dans et Ambā Māryām sont protégés et aimés de Notre-Dame Marie plus que toutes les abbayes que nous avons nommées précédemment » [6].

Cette introduction traitera de quelques questions concernant le Saint et ses Actes.

* * *

Voici un bref résumé de la vie de Samuel selon les Actes. Ses parents, Endreyās (André) et Arsonwā (Arsonyā), très pieux tous les deux,

[1] Cf. *infra*, p. 1; 55.

[2] Cf. *infra*, pp. 1, 55. Nos manuscrits sont munis du sceau du couvent de Dabra Wagag (Cf. l'introduction au volume du texte) où nous lisons : « Le sceau du couvent de Wagag, le lieu des os de Samuel ».

[3] E. A. Wallis Budge, *The Book of the Saints of the Ethiopian Church.* Cambridge, 1928.

[4] Les mois de *ṭeqemt* et de *genbot* ne sont pas encore publiés dans l'édition du Synaxaire dans la collection de la *Patrologia Orientalis.*

[5] Cf. E. Cerulli, *Il monachismo in Etiopia,* dans *Il Monachesimo Orientale, Orientalia Christiana Analecta* 153, p. 262. Rome, 1958.

[6] A. Caquot, *L'Homélie en l'honneur de l'Archange Ouriel* (*Dersāna Urā'ēl*), dans *Annales d'Éthiopie* 1 (1955), p. 88.

habitaient à Zem dans la province de Ṣelālеš [7]; ils n'avaient pas d'enfants. Ils prièrent le saint Takla Hāymānot de leur imposer le joug de la vie monastique; mais lui leur prédit la naissance d'un fils, et sa sainteté. Samuel naquit sur la route, tenant la communion dans sa main droite, quand sa mère revenait de l'église. La septième année de sa vie, les parents le conduisirent à Takla Hāymānot, qui était son parrain, pour l'éducation. Le métropolite *abbā* Gērellos l'ordonna diacre et puis prêtre, et, après le noviciat, il devint moine. Ayant reçu la bénédiction de Takla Hāymānot, il partit pour la terre de Wagag [8] où il fonda l'église et le couvent; il évangélisa cette région, en luttant contre les adorateurs de la divinité païenne Dask. Au temps du roi David Ier il transporta à l'église les os de son père qui, étant devenu moine après la naissance de Samuel, et martyrisé pendant le conflit des moines avec le Roi, avait été enterré dans la terre de Enasedestey. Le roi David donna comme fief à Samuel la région de Endagabṭon [9]. Il amena sa mère à Dabra Wagag où elle devint religieuse et mourut. Samuel accomplissait son ministère : il a évangélisé et baptisé, construit des églises et des couvents, lutté contre les démons, spécialement contre Dask, contre les sorciers et les devins; il devint célèbre dans toute l'Éthiopie par sa sainteté et ses miracles. Avant sa mort, dans la terre de Yazarzar, il pria son disciple Samra Krestos de trans-

[7] Ṣelālеš, aujourd'hui Bulgā, dans le Choa.

[8] Dabra Wagag, « abbaye de l'aurore », appelé aussi Dabra Asābot, est situé au Choa sud-oriental le long de la route entre Addis Ababa et Dire Daua (E. Cerulli, *Il monachismo in Etiopia, op. cit.*, p. 262), « au sommet de l'imposante montagne qui domine la plaine de Ērēr, au Nord de la chaîne du Çarçar » (A. Caquot, *L'Homélie en l'honneur de l'Archange Ouriel, op. cit.*, p. 64). La même homélie où l'archange parcourt les principaux sanctuaires de l'Éthiopie en répandant le sang du Christ, nous donne aussi l'explication du nom de Wagag : « Ouriel se hâta de sanctifier Dabra Asābot avec le sang du Christ. L'abbaye toute entière brilla plus vivement que le soleil et les anges du ciel l'appelèrent Dabra Wagag (« abbaye de l'aurore »), pays de la lumière; car lorsqu'Ouriel la marqua, c'était l'heure du soir où Notre-Seigneur descendit en personne dans le sein du Chéol pour en retirer les âmes des justes et de leurs enfants. La magnificence de la divinité illumina les ténèbres du lieu de la damnation terrible et éternelle. Il racheta par sa mort les âmes de tous ceux qui demeuraient aux abords du Chéol où jamais n'apparaît la moindre lumière » (*ibidem*, p. 87).

[9] Il s'agit certainement d'une région connue sous le nom de Endagabṭan, située entre le Nil Bleu et la vallée du Gudar (E. Cerulli, *Gli abbati di Dabra Libānos, capi del monachismo etiopico, secondo la « lista rimata » sec. XIV-XVIII*, dans *Orientalia* 13, 1944, p. 148). Toutefois nos manuscrits ont tous deux la forme de ce nom : Endagabṭon (et non pas : Endagabṭan).

porter ses os à Dabra Wagag. Samra Krestos accomplit sa demande le 27 de *genbot*, au septième mois après la mort qui avait eu lieu le 29 de *ṭeqemt*.

* * *

D'autres documents fournissent les données suivantes sur Samuel de Dabra Wagag :

Dans le livre éthiopien *Maṣḥafa Ṭēfut*, qui relate l'arrivée en Éthiopie d'un fragment de la croix et d'images de la Vierge au temps du roi David I, se trouve cette notice : « En son temps (de David) vécurent des étoiles lumineuses : le métropolite *Abuna* Fiqṭor, appelé aussi le second Salāmā, l'*Abuna* Samuel de Wagag, l'*Abuna* Samuel de Waldebbā, *Abbā* Giyorgis de Gadāma Māḥew et (celui) du pays de Sagla » [10].

Dans la Vie de Takla Hāymānot selon la rédaction de Dabra Libānos, l'auteur, énumérant les abbés qui assistaient à la première translation des os de saint *Abuna*, ajoute : « et il y en a qui disent qu'à cette occasion, vint aussi, avec les docteurs mentionnés ci-dessus, *Abbā* Samuel de Wegag (sic) » [11].

C. Conti Rossini, dans son commentaire à la vie de Filpos et Yoḥannes de Dabra Bizan, donne les tables généalogiques des moines éthiopiens, rédigés sur la base des documents éthiopiens ; sur l'une des deux tables parmi les disciples de Takla Hāymānot, figure aussi Samuel de Wagag [12].

Dans l'Homélie en l'honneur de l'archange Raguel, l'auteur dit de l'abbā Elyās qui vécut au temps du roi Zar'a Yā'qob : « Il est fils d'*abbā* Samuel de Wagag, ... il a été d'abord prieur de Adda Šawā, à l'abbaye de la Nativité de la Nouvelle Agnelle (Marie) (éth. Dabra Ledatā la-Ḥaddāsyu Tā'ewā) là où se réunirent les disciples d'*abbā* Samuel de Wagag, sous le règne de Zar'a Yā'qob l'orthodoxe » [13].

Ḫeruy Walda Sellāsē, dans son livre sur l'histoire de l'Éthiopie (en amharique) mentionne parmi les saints réunis pour la consécration

10 A. Caquot, *Aperçu préliminaire sur le Maṣḥafa Ṭēfut de Gechen Amba*, dans *Annales d'Éthiopie* 1 (1955), p. 101.

11 E. A. Wallis Budge, *The Life of Takla Hâymânôt*, pp. 258-59. Londres, 1906.

12 C. Conti Rossini, *Il Gadla Filpos e il Gadla Yohannes di Dabra Bizan*, dans *Memorie R. Accademia Lincei*, sc. morali, ser. V, vol. VIII (1900), p. 156, planche 2.

13 A. Caquot, *L'Homélie en l'honneur de l'archange Raguel* (*Dersāna Rāgu'ēl*), dans *Annales d'Éthiopie* 2 (1957), p. 118.

épiscopale de Fileppos, Samuel (l'auteur cite ici un fragment d'une œuvre éthiopienne en ge'ez) qui évangélisa le pays de Wagag (Asābot); il aurait été Eč̣egē de Dabra Libānos [14]. Le même auteur dans son Catalogue des livres éthiopiens donne « le Gadl de Samuel de Wagag » [15].

* * *

La chronologie de la vie de Samuel, en général, ne présente pas beaucoup de difficultés. Selon les Actes il vivait au temps du 'Nouveau David', c'est-à-dire du roi David Ier d'Éthiopie, qui régna de 1382 à 1411. L'épithète de 'Nouveau David' (après le saint Roi Psalmiste de Jérusalem, ancêtre des Salomonides éthiopiens) est conforme à l'usage éthiopien, qui encore de nos jours appellera le Negus Menilek *dagmāwi Menilek*, ce qui peut signifier à la fois : 'le deuxième Menilek' et 'le Nouveau Menilek' ('nouveau' et 'deuxième', après le fils de Salomon et de la Reine de Saba, auquel le *Kebra Nagāst* donne le nom de Menilek) [16].

Le roi David Ier, au début de son règne, dut affronter (et vaincre) l'hostilité d'un groupe considérable du puissant clergé régulier, selon un document inséré plus tard dans le Livre des Miracles de Marie [17]. Il fut aidé dans cette lutte particulièrement par l'abbé du monastère de S. Étienne de Ḥayq, qui avec le titre de *'aqābē sa'āt*, exerçait alors l'hégémonie sur les monastères éthiopiens [18].

La succession du monastère de Dabra Libānos à celui de S. Étienne

14 Ḫeruy Walda Sellase, *Wāzēmā : ba-māgestu ya-Ityopyān nagastāt ya-tārik ba'al la-mākbar*, pp. 86; 106. Addis Abeba 1921.

15 Idem, *Ba-Ityopyā yammigaññu ba-ge'ezennā bāmāriññā qwānqwā ya-taṣāfu yamaṣāḥeft kātālog*, 1920 (1927-28), p. 18. Kidāna Walda Keflē aussi, un auteur éthiopien d'aujourd'hui, cite le nom de Samuel de Dabra Wagag dans son *Maṣḥafa Sawāsew*, p. 376. Addis Abeba, 1948 (= 1955-1956). Sa source est l'énumération citée ci-dessus dans les Actes de Takla Hāymānot.

16 Dans l'*Homélie en l'honneur de l'Archange Raguel* éditée et traduite par A. Caquot (*Annales d'Éthiopie*, II, 1957, p. 105 et 119) le Roi est également appelé *dagmāwi Dāwit* 'le Nouveau David'; et il n'y a pas de doute qu'il s'agit là encore de David Ier, parce qu'il est dit dans le même passage que sa fille Elēni était sœur de Zar'a Yā'qob (La traduction 'David II', p. 119, est à corriger en 'David Ier).

17 E. Cerulli, *Il libro etiopico dei Miracoli di Maria e le sue fonti nelle letterature del Medio Evo latino*, p. 79-86. Roma, 1943.

18 *Actes de Iyasus Mo'a* traduits par S. Kur dans CSCO 260, pp. v-xiv. Louvain, 1965.

dans cette position prééminente dans la deuxième moitié du XVe siècle a provoqué plusieurs interpolations et adaptations dans la littérature hagiographique éthiopienne pour souligner la participation de Takla Hāymānot, fondateur de Dabra Libānos, aux grands événements de l'histoire du pays et faire supposer des actes de subordination et soumission à Takla Hāymānot de la part des fondateurs d'autres monastères pour justifier ainsi l'hégémonie acquise.

* * *

Cette situation historique a eu deux conséquences, au moins, sur notre texte des Actes de Samuel. Avant tout il y avait intérêt à souligner les bons rapports entre le saint Samuel et le roi David : ce qui excluait donc l'adhésion du monastère de Dabra Wagag au mouvement contraire à David Ier, dont nous venons de parler, au début du règne et aussi au deuxième mouvement analogue, encore contraire à David, qui devait se conclure en 1411 par l'abdication de ce Souverain. On pourrait ajouter, peut-être, que cette attitude du monastère de Wagag favorable au roi David était certainement un mérite appréciable au temps du roi Zar'a Yā'qob (1434-1468), fils de David Ier et très dévoué à la mémoire de son père [19].

D'autre part, quelques données ont été insérées dans les Actes de Samuel pour prouver ses liens avec Takla Hāymānot et donc l'appartenance du monastère de Wagag au groupe subordonné à celui de Dabra Libānos. Selon les Actes de Samuel c'est, en effet, Takla Hāymānot qui annonce aux parents de Samuel sa naissance prochaine; puis il est son parrain; depuis la septième année il l'instruit et le reçoit à la vie monastique [20]. Mais la mort de Takla Hāymānot advint en 1313-1314, un siècle avant l'époque de Samuel [21] et par conséquent l'interpolation, cette fois plutôt naïve, est évidente.

Une autre interpolation est celle du récit concernant la lutte des moines contre un Roi, qui serait 'Amda Ṣeyon Ier. Cette lutte, dont le héros principal — du côté des moines — fut en réalité Philippe de Dabra Libānos, eut lieu dans la première moitié du XIVe siècle et

19 J. Perruchon, *Les chroniques de Zar'a Ya'qôb et de Ba'eda Mâryâm, Rois d'Éthiopie*, pp. 53 et 84-86. Paris, 1893.

20 Cfr. ci-après p. 2; 4; 5.

21 E. Cerulli, *Gli abbati di Dabra Libānos*, cit. Or. 13, 1944, p. 138.

continua dans la deuxième moitié du siècle sous le règne de Sayfa Arʿad. Les gestes de Philippe ont inspiré un cycle de narrations hagiographiques, où la lutte et les prodiges accomplis par les moines sont attribués à plusieurs saints de la même époque ou postérieurs chronologiquement à cette violente dispute.

* * *

La chronologie de la vie de Samuel, que nous venons de préciser, est partiellement contredite — dans la mésure où on peut lui accorder de valeur — par deux dates que nous lisons dans le ms. A [22] : celle de la mort du père de Samuel : Endreyās en 1423 (c'est-à-dire 1430-1431 de notre ère) et celle de la translation de ses os par Samuel en 1465 (= 1472-1473). Mais les deux dates ont été ajoutées dans le ms. au crayon, probablement par une autre main : la première sur le f. 6v au-dessus de la ligne et encore sur le f. 38r au bas de la page ; et la deuxième sur le f. 7v au-dessus de la ligne. Or, avant tout, la datation courante au XVe siècle éthiopien était plutôt celle de l'Ère de la Miséricorde ou, quelquefois, celle de la Création. Une datation selon le style moderne ne pourrait être ainsi qu'une addition postérieure. Mais encore ces dates au crayond éplaceraient la vie de Samuel du règne de David Ier, qui abdiqua en 1411, aux règnes de Yesḥaq (1414-1429) et de ses successeurs jusqu'à Zar'a Yāʿqob (1434-1468) : ce qui paraît invraisemblable et opposé à ce qui résulte du texte même des Actes.

Les Actes de Samuel nous disent encore que sa tante, la sœur aînée de Endreyās, était la mère du saint fondateur du monastère de Ṣegāğğā : Onorius (ét : Anorēwos), qui est mort en 1374 [23]. Donc par cette référence nous sommes confirmés dans la datation de la vie ascétique de Samuel aux dernières années du XIVe et les premières années du XVe siècle. Et du reste les Actes de Samuel nous attestent que le Roi David Ier lui permit de transporter les os de son père dans son couvent ; il lui donna des terres et des privilèges, et le nomma *qāla ḥaṣē* ('Voix du Roi', c'est-à-dire : son vicaire).

Il y a aussi une mention de Samuel dans l'homélie pour l'Archange

[22] Cfr. Introduction au volume de texte.

[23] Cfr. E. Cerulli, *Storia della letteratura etiopica*, 3e ed., p. 60, Milan 1968 ; et C. Conti Rossini, *Vitae Sanctorum Indigenarum* dans CSCO 28, p. 54 (version). Louvain, 1905.

Raguel où l'auteur [24] nous parle de *abbā* Elyās, fils spirituel de Samuel, qui vivait, avec certains autres disciples de lui, au temps de Zar'a Yā'qob (1434-1468). Il est probable que Samuel était déjà mort avant l'accession au trône de Zar'a Yā'qob, parce que l'homélie parle seulement des disciples qui vivaient dans ce temps, sans rien dire du saint lui-même.

* * *

Les Actes mentionnent deux métropolites d'Éthiopie : *abbā* Gērellos et *abbā* Fiqṭor. Gērellos a ordonné Samuel diacre et prêtre alors que Takla Hāymānot vivait encore [25]. Dans la deuxième liste des métropolites d'Éthiopie, éditée par I. Guidi, sous le numéro 24, nous trouvons le nom de « Gērillos (Cirillo), nei cui giorni fu Abbā Takla Hāymānot » [26]. La notice des Actes concorderait donc avec celle de la liste des métropolites, affirmant que *abbā* Gērellos vivait à l'époque de Takla Hāymānot, mais nous ne savons rien de plus de ce métropolite. *Abbā* Fiqṭor est mentionné deux fois; premièrement à l'occasion de la consécration de sept tabot : « tout cela, le sanctifia *abbā* Fiqṭor, le métropolite d'Éthiopie, au temps de notre roi David » [27] et deuxièmement : « Sa bonté (de Samuel) a été annoncée par le métropolite d'Éthiopie *abbā* Fiqṭor et *abbā* Yoḥannes et *abbā* Yā'qob » [28]. La mention de *Maṣḥafa Ṭēfut* dit aussi qu'au temps de David « vécurent des étoiles lumineuses : le métropolite Abuna Fiqṭor, appelé le second Salāmā » [29]. Les deux listes de Guidi contiennent le nom de Fiqṭor; la première sous le nº XVI : « Abbā Fiqṭor (Vittore) sepolto in Žāro », précédé par Bartalomēwos (nº XV) « che sedette al tempo di Sayfa Ar'ad re; fu sepolto in Alāt » et « Abbā Salāmā, interprete dei libri santi, sepolto in Ḥāqalēt » (nº XIV) et remplacé par abbā Yoḥannes, « sepolto in Qēso » [30]. Dans la deuxième liste il succède à Abbā Yā'qob « nei cui

[24] A. Caquot, *L'Homélie en l'honneur de l'Archange Raguel*, in : *Annales d'Éthiopie*, II, 1957, p. 118-119.

[25] Cfr. *infra*, p. 5.

[26] J. Guidi, *Le liste dei Metropoliti d'Abissinia*, p. 9. Rome, 1899.

[27] Cfr. *infra*, p. 33.

[28] Cf. *infra*, p. 39. A propos du singulier du « métropolite » nous ne savons pas s'il s'agit ici d'un seul ou de trois métropolites.

[29] A. Caquot, *Aperçu préliminaire sur le Maṣḥafa Ṭēfut*, *op. cit.*, p. 101.

[30] I. Guidi, *Le liste dei metropoliti d'Abissinia*, *op. cit.*, p. 8.

giorni fu Abunā Ēwosṭātēwos (Eustazio) » et précède Qērillos ; le ms. de Londres ajoute que Fiqṭor était appelé aussi Salāmā III [31] ; ceci nous rappelle la notice de *Maṣḥafa Ṭēfut*, qui l'appelle le second Salāmā. Nous n'avons pas trouvé d'autres notices sur Fiqṭor. Guidi, en commentant les listes, a constaté que Bartalomēwos, son prédécesseur, put venir en Éthiopie au temps de Sayfa Ar'ad, mais dans les dernières années de son règne [32]. Van Lantschoot a exclu cette possibilité ; il a établi que *abbā* Salāmā le Matargwem était en charge en 1348-1388, c'est-à-dire au temps de Sayfa Ar'ad, Newāya Māryām et les premières années de David. Donc, la notice selon laquelle Bartalomēwos était son successeur au temps de Sayfa Ar'ad perd sa valeur [33]. Enfin, selon Cerulli, Bartalomēwos devait venir en Éthiopie seulement vers 1399 [34]. Peut-être donc, entre 1388 (la mort d'*abbā* Salāmā) et 1399 (l'arrivée de Bartalomēwos) y aurait-il moyen de placer le métropolite Fiqṭor. Dans cette hypothèse, il serait en charge avant et non après Bartalomēwos. Mais cela exigerait une étude plus approfondie.

Le *Maṣḥafa Ṭēfut* nous donne encore d'autres synchronismes : au temps de David vécurent encore l'Abuna Samuel de Waldebbā, abbā Giyorgis de Gadāma Māḥew et (celui) de Sagla [35]. Nous savons que Samuel de Waldebbā était contemporain de Fileppos de Dabra Bizan [36], mort en 1406 [37]. *Abbā* Giyorgis de Sagla a écrit son Livre des Mystères en 1424 ; il avait donc pu aussi vivre au temps de David Ier [38]. Nous ne savons rien d'*abbā* Giyorgis de Gadāma Māḥew.

Tous ces synchronismes nous permettent de reporter l'activité de Samuel, et peut-être aussi sa mort, au temps de David Ier. Il serait né vers la moitié de XIVe siècle.

* * *

[31] *Ibidem*, p. 9.

[32] *Ibidem*.

[33] A. van Lantschoot, *Abbā Salāmā, Métropolite d'Éthiopie* (1348-1388) *et son rôle de traducteur*, dans *Atti del Convegno Internazionale di studi etiopici*, p. 398. Rome, 1960.

[34] Cf. E. Cerulli, *Gli abbati di Dabra Libanos*, *op. cit.*, Or 12 (1943), p. 236.

[35] A. Caquot, *Aperçu préliminaire sur le Maṣḥafa Ṭēfut*, *op. cit.*, p. 101.

[36] Cf. I. Guidi, *Storia della letteratura etiopica*, p. 60. Rome, 1932.

[37] Cf. E. Cerulli, *Gli abbati di Dabra Libanos*, *op. cit.*, Or 12 (1943), p. 233, note 2.

[38] Cf. E. Cerulli, *Storia della letteratura etiopica*, 3e éd., p. 195. Milan, 1968.

Dans les Actes de Samuel on trouve un épisode sur le conflit entre le roi et les moines [39]. Cet épisode a été inséré par l'auteur ou ajouté par un autre qui aurait remanié les Actes. Ce récit fait appartenir nos Actes au cycle des cinq biographies où se trouve ce thème du conflit [40]. Voici les notes caractéristiques de notre récit.

1. Comparé avec d'autres biographies du conflit, notre récit n'est qu'une brève esquisse. Comme nous l'avons déjà noté, le nom du roi ʿAmda Ṣeyon est ajouté au-dessus de la ligne, peut-être par une autre main. Aussi lui a-t-on attribué les événements que d'autres biographies ont attribué à son fils et successeur Sayfa Ar'ad.

2. La cause du conflit : une seule est nommée, le mariage du roi avec une femme de son père. D'autres causes du conflit avec Sayfa Ar'ad [41] ne sont pas mentionnées.

3. De la part des moines il y a quatre personnages dans le conflit :

a. Le métropolite *abbā* Yāʿqob. Avec les moines, il a repris le roi ; il a été flagellé et renvoyé en l'Égypte [42]. Selon les Actes de Fileṗpos il a été renvoyé en l'Égypte par le roi Sayfa Ar'ad [43].

b. Fileṗpos. Il est expulsé à la ville de Gwent. Après flagellation il est renvoyé au lieu où il habitait auparavant, mais il meurt en route. Dans ses Actes le lieu de Gwent n'est pas mentionné, mais il y eut plusieurs expulsions successives ; le lieu de la mort est Dabra Haqalit [44].

c. Anorēwos. Il est expulsé à l'île du lac de Zewāy et puis flagellé. Ses Actes parlent de cette expulsion, faite sur l'ordre du roi Sayfa Ar'ad, mais ils font aussi mention d'autres exils (Walaqā, Sawan, Gamaske) [45].

d. Endreyās, père de Samuel, expulsé à Krestos Faṭar dans la terre de Dāmot. Il n'est pas connu par d'autres biographies. Avec lui, on mentionne son disciple Takla Ṣeyon. Pendant son exil, Endreyās a évangélisé ce pays. Puis il est venu devant le roi accompagné par 73 moines. Flagellé avec ses associés, il est mort et enterré à Enasedestay. Samuel transporta ses os à l'église au temps de David.

39 Cf. ci-après, pp. 7-9.

40 Cf E Cerulli, *Storia della letteratura etiopica*, 3e éd., pp. 57-64. Milan, 1968.

41 Cf. E. Cerulli, *Gli abbati di Dabra Libanos*, *op. cit.*, Or 12 (1943), p. 243, note 2.

42 Selon ms B à Jérusalem.

43 Cf. B. Turaiev, *Gadla Filpos seu Acta Sancti Philippi*, dans CSCO 30, pp. 204-205 (traduction). Louvain, 1908.

44 Cf. *ibidem*, pp. 192 ; 207 ; 211 ; 220 (traduction).

45 C. Conti Rossini, *Gadla Anorewos seu Acta Sancti Honorii*, dans CSCO 29, pp. 77 ; 76 ; 74 ; 78 (traduction). Louvain, 1908.

4. Nos Actes, en racontant le martyre d'Anorēwos, disent que son sang incendia les tentes du roi et son camp. Ce miracle est décrit, avec beaucoup plus de détails, dans ses Actes [46]. Nous le trouvons aussi dans les Actes de Fileppos [47] et ceux de Ba-Ṣalota Mikā'ēl [48]. C'est donc un épisode dont il est peut-être difficile de dire à qui il se référait tout d'abord, quoique le style ému et inspiré des Actes de Philippe (composés en 1424-1425) ferait supposer que le véritable opposant au Roi ait été l'indomptable religieux de Dabra Libānos [49]. Mais il y a dans nos Actes deux motifs que nous n'avons pas rencontrés ailleurs : sur la tombe de Endreyās et Anorēwos est apparue une rose symbolique et, de la tombe de Takla Ṣeyon, a jailli « l'eau de la vie » qui guérissait les malades.

* * *

Nos Actes contiennent des thèmes communs à l'hagiographie éthiopienne et chrétienne en général. Voici quelques exemples : les parents du Saint sont très pieux tous les deux, ils n'ont pas d'enfants; ils pensent à entrer au couvent, mais le saint Takla Hāymānot leur prédit la naissance d'un fils et sa sainteté; l'ange annonce le jour de la naissance. Les notes caractéristiques de l'ascèse monastique de Samuel réprésentent aussi des traits communs : le jeûne et la prière, les aumônes, la lecture de la Bible, la solitude.

Un élément particulier est le miracle pendant la naissance de Samuel : il naît tenant la communion dans sa main droite parce que sa mère avait communié avant l'accouchement.

Mais c'est la lutte contre les démons, les devins, les sorciers, les prêtres des idoles qui joue le rôle le plus important dans les Actes. Du début de son activité d'évangélisation jusqu'à la fin, il conduit cette lutte. La plupart des pages des Actes contiennent la description détaillée de cette lutte tandis que d'autres aspects (la construction des églises, des couvents etc.) sont mentionnés seulement dans de courtes phrases. Voici quelques remarques à propos de cette question.

1. Samuel évangélise dans les régions habitées par les païens. Cette

[46] *Ibidem*, p. 73 (traduction).

[47] B. Turaiev, *Gadla Filpos*, *op. cit.*, p. 188 (traduction).

[48] C. Conti Rossini, *Acta Sancti Baṣalota Mikā'ēl*, dans CSCO 29, p. 26 (traduction).

[49] Cf. E. Cerulli, *Storia della letteratura etiopica*, 3e éd., p. 59. Milan, 1968.

image que nous donnent les Actes reflète bien la situation religieuse du sud de l'Éthiopie (nous sommes au Choa sud-oriental). Nous connaissons cette situation par les écrits du roi Zar'a Yā'qob (1434-1468). La magie et les charmes étaient répandus dans le pays entier et ils étaient l'adversaire, très dangereux, du christianisme, surtout parmi la population couchitique. Nous y voyons les restes du culte païen, avant-chrétien et avant-sémitique. Le fait que les fils mêmes du roi et les gens de son palais pratiquaient ce culte atteste la diffusion de ces pratiques [50].

2. Samuel lutte, avant tout, contre le 'démon' appellé Dask [51]. Selon les écrits de Zar'a Yā'qob, le domaine de son activité était le Choa [52]. Son culte était très répandu [53]. Le roi a sévi contre ce 'démon' et il faisait prêter ce serment : «Je renie Dasak, le maudit» [54]. Ce nom se rapporte aussi à l'adorateur de Dask, son prêtre [55]. Nous voyons ici, peut-être pour la première fois dans la littérature éthiopienne, le témoignage des croyances païennes selon lesquelles une divinité mineure du paganisme peut s'incarner dans un homme, de telle sorte qu'elle peut émettre des paroles par la bouche de celui dont il habite le corps temporairement. On trouve jusqu'à aujourd'hui ces croyances parmi les populations couchitiques de l'Éthiopie. Cette incarnation se fait au cours des rites secrets par lesquels le magicien oblige le 'démon' à entrer en lui (tandis que, chez les Éthiopiens chrétiens, les esprits mauvais dominent leur corps contre leur volonté) [56]. Samuel combat donc sévèrement les magiciens et les prêtres païens dans le corps desquels le démon s'incarne. La manière de ce combat traduit aussi l'idée d'une force magique du nom : si un démon dit son nom, il perd sa force [57].

[50] Cf. K. Wendt, *Das Maṣḥafa Berhān und Maṣḥafa Milād*, dans Orientalia 3 (1934), p. 160.

[51] Ce nom veut dire en amharique : « tache, souillure ».

[52] Cf. K. Wendt, *Das Maṣḥafa Milād* (*Liber Nativitatis*) *und Maṣḥafa Sellāsē* (*Liber Trinitatis*), dans CSCO 236 (traduction), p. 43. Louvain, 1963.

[53] Cf. J. Perruchon, *Les chroniques de Zar'a Yâ'qob et de Ba'eda Mâryâm*, p. 4. Paris, 1893.

[54] *Ibidem*, p. 6.

[55] Cf. *infra*, p. 23, un épisode sur un Dask baptisé et converti. Voir aussi C. Conti Rossini avec le concours de L. Ricci, *Il Libro della Luce del Negus Zar'a Yā'qob* (*Maṣḥafa Berhān*), CSCO 262, p. 29 (Louvain, 1965) : « vi era un uomo dask ».

[56] Cf. E. Cerulli, *Etiopia Occidentale*, Rome, 1930-1933, v. I, pp. 217-218; v. II, pp. 69-72.

[57] Cf. *ibidem*, pp. 36, 72.

3. D'autres démons : Maqwazyā (Maqwazey, Maḫozey) et Gudālē (Gwedālē) sont mentionnés aussi dans les écrits de Zar'a Yā'qob [58]. Le nom du démon Qwetel nous est inconnu par ailleurs.

* * *

L'auteur des Actes n'est pas connu, mais c'est certainement un moine du couvent de Samuel. Il n'a pas connu personnellement Samuel, mais il a composé son œuvre sur la base des traditions conservées par les moines [59] et des souvenirs des témoins oculaires [60]. La composition des Actes montre quelque ressemblance avec ceux de Takla Hāymānot : ils contiennent la vie du Saint, la translation des os, les miracles.

Quand les Actes ont-ils été écrits ? Voici quelques observations qui nous permettent d'établir, approximativement, la date de la composition.

1. L'auteur n'a pas connu Samuel, il a écrit les Actes après la mort du Saint, mais au temps où il y avait encore les moines qui avaient vu et entendu Samuel. Si le Saint est mort avant 1434, l'auteur n'a pu composer les Actes que plusieurs dizaines d'années après.

2. Un passage des Actes dit que le couvent de Dabra Wagag est « le plus beau des couvents à une seule exception, celle de Dabra Libānos » [61]. Ce passage (s'il n'a pas été ajouté plus tard) reflète déjà la situation du couvent de Dabra Libānos lorsqu'il eut acquis l'hégémonie sur d'autres couvents, au moins ceux du Choa. Nous savons que Dabra Libānos a commencé à affermir sa position vers la moitié du XIVe siècle [62] et que cet ordre hiérarchique, qui a mis l'abbé de Dabra Libānos à la tête du clergé régulier, était déjà constitué vers la moitié du XVe siècle [63].

3. Nos Actes ne contiennent pas l'introduction en prose rimée dans le style 'fleuri', typique des ouvrages littéraires éthiopiens de la deuxième moitié du XVe siècle.

[58] Cf. K. Wendt, *Das Maṣḥafa Milād* (*Liber Nativitatis*) *und Maṣḥafa Sellāsē* (*Liber Trinitatis*), CSCO 222 (traduction), p. 37. Louvain, 1963.

[59] Cf. *infra*, pp. 1; 34; 37.

[60] Cf. *infra*, pp. 31-32; 35; 49.

[61] Cf. *infra*, p. 55.

[62] Cf. E. Cerulli, *Gli abbati di Dabra Libanos, op. cit.*, Or 12 (1943), p. 252.

[63] Cf. E. Cerulli, *Introduction aux Actes de Iyasus Mo'a*, CSCO 260, p. xvi. Louvain, 1965.

4. L'ordonnance des Actes de Samuel a été modelée sur les Actes de Takla Hāymānot, qui ont été redigés en 1515 [64].

Ces données prises ensemble — et tout en tenant compte de la possibilité d'une rédaction antérieure qui aurait été modifiée et augmentée après, selon les nécessités du monastère — nous conduiraient à la première moitié du XVIe siècle.

Le *malke'e* ('Effigies'), ajouté dans le ms. B, semble une œuvre récente de la fin du XIXe siècle ou du XXe siècle, surtout à cause de l'allusion à Addis Abeba, « la ville de la fleur » [65].

64 Cf. E. Cerulli, *Storia della letteratura etiopica*, 3e éd., p. 73. Milan, 1968.

65 Cf. *infra*, p. 73.

ACTES DE SAMUEL DE DABRA WAGAG

* Au nom du Père et du Fils et du Saint-Esprit, un seul Dieu. * p. 1

Par la bienveillance de Dieu le Père, et par l'inspiration de Dieu le Fils, et par le bienfait du Saint-Esprit nous commençons à écrire l'histoire de la naissance et du combat (spirituel) du bienheureux *abbā* Samuel, et l'histoire de sa mort au 29 du mois *ṭeqemt*, et sa migration de la terre de Yazarzar orientale à Dabra Wagag, au 7ème mois, au 27 (jour) de *genbot*. Gloire au Seigneur. Amen.

CHAPITRE I

Voici : je vous raconterai par écrit un peu de l'histoire de son combat (spirituel) comme je (l')ai entendu de nos pères et de nos frères, moi, votre humble frère, méprisable, pécheur et vil. Car le zèle m'a pris quand j'entendis lire les combats et les miracles de justes semblables à lui, comme Esdras le prophète fut poussé par le zèle quand il scella la Loi et son document [1]. Et vous, ses enfants et ses bien-aimés, qui savez écrire des livres et (les) commenter, vous savez que la vie de notre père n'a pas été écrite. Quant à moi, vous savez qu'il ne m'est pas possible de lire (en public) les livres ni de les commenter. Et en dehors de leur interprétation je ne forme pas non plus les lettres avec attention. Mais dans la mesure de mes possibilités, je vous montrerai un peu des vertus de la vie de notre père Samuel. Mais quant à le faire parfaitement, * cela ne m'est pas possible. Que la force de sa prière * p. 2 et de son aide, et la faveur de sa grâce soient avec son bien-aimé Ḫayla Sellāsē. Pour les siècles des siècles. Amen.

CHAPITRE II

Il y eut un homme, dont le nom était Endreyās, qui habitait le pays de Ṣelāleš, appelé terre de Zem, à l'est du fleuve de Māya Belul. Et le nom de sa femme était Arsonwā. Ils étaient bienheureux et bénis. Ils aimaient le Seigneur de tout leur cœur et de toutes leurs

[1] Cf. *Ne* 8,*1-16* ; 10,*1*.

forces, c'est pourquoi ils s'adonnaient au jeûne et à la prière. Ils firent deux demeures : l'une pour les moines, l'autre pour les pauvres. Ils faisaient l'aumône le plus qu'ils pouvaient parce qu'ils n'avaient pas de postérité. Et ils priaient le Seigneur, nuit et jour, en disant : « O Seigneur, qui donnes la postérité à toute créature, qui fais sortir le fruit des branches de tous les arbres de la forêt, qui donnes la postérité aux oiseaux, donne-nous aussi la postérité qui fera (notre) joie (tous) les jours de notre vie, qui héritera de nos biens et de notre fortune et qui te plaira et servira dans ton église sainte ». Et, nuit et jour, ils pleuraient en disant cela.

Un jour, tandis qu'ils étaient dans leur maison, notre père Takla Hāymānot vint à eux. Ils se levèrent pour le vénérer et ils l'introduisirent à l'hospice des moines. Ils lui lavèrent les pieds avec de l'eau et ils lui apportèrent sa nourriture selon son habitude, car il était homme de jeûne et d'abstinence. Et le matin, ils vinrent à lui pour lui demander * p. 3 de leur donner le joug de la vie monastique. Endreyās dit * à notre père Takla Hāymānot : « Ma femme est près de perdre ses menstruations, et moi j'ai atteint la vieillesse ». Notre père Takla Hāymānot dit à Endreyās : « Réjouis-toi dans le Seigneur ton Dieu, et il accomplira la demande de ton cœur [1]. Tu engendreras un bel enfant, qui sera agréable au Seigneur et servira au Royaume des Cieux, qui chassera les esprits [2], détruira les sanctuaires des idoles et bâtira des églises. Et que la foi ne soit plus hésitante dans votre cœur et dans votre pensée ». Ayant dit cela, il reprit sa route. Ils lui dirent adieu. Et lui les bénit en disant : « Que le Seigneur soit avec vous ! » Et ils revinrent à leur maison. Puis sa femme Arsonwā devint enceinte. Ils se réjouirent tous les deux de sa grossesse. Ses consanguins et ses amis étaient en grande joie et allégresse. Le jour de son accouchement arriva. L'ange du Seigneur apparut à notre père Endreyās et il lui dit : « Ta femme mettra au monde ton enfant en ce jour. Dis-lui : 'Ne va pas à l'église', parce que le miracle sera fait sur elle, et si elle te le refuse, toi, ne sors pas de ta maison ». Ayant dit cela (l'ange) il disparut et monta au ciel. Endreyās dit à sa femme : « Ne va pas à l'église de Notre-Dame Marie ». Et la femme d'Endreyās lui dit : « Il n'est pas possible, pour moi, de ne pas recevoir la communion. Je ne négligerai pas mon habitude permanente de prier à l'église ». Elle refusa et elle sortit tout de suite. Et lorsqu'elle eut achevé sa prière habituelle, elle reçut la communion

[1] *Ps* 37,*4*. — [2] B ajoute : « impurs ».

et sortit de l'église. Sur la route, les douleurs de l'accouchement la prirent et elle mit au monde un enfant de bel aspect, sans souffrance et sans douleur. Et les sages-femmes étaient avec elle. Lorsqu'elles eurent vu l'enfant, tout entouré de lumière, * de la tête jusqu'aux pieds, (* p. 4) les femmes s'étonnèrent et dirent : « Qu'avons-nous à faire avec pareille chose que nous n'avons jamais vue, dont nous n'avons jamais entendu (parler), que les femmes de nos pères qui étaient avant nous ne nous ont jamais raconté ? ». Et pendant que les femmes parlaient ainsi, Endreyās, le père, vint en se hâtant, et il dit aux femmes: « Ne la touchez pas et ne la palpez pas, parce que vous ne connaissez pas ce que je connais », comme l'ange du Seigneur (le) lui avait dit en lui rendant manifeste son secret quand il vit le premier semblable à la laine blanche et le deuxième semblable à l'exanthème et le troisième semblable à un charbon ardent, et le quatrième semblable à la couleur de la fleur. Il rompit quatre images et cet enfant sortit, en sautant de joie, et il fut trouvé avec la communion dans sa main droite, parce que sa mère avait communié. Et Endreyās, le prêtre, lava sa main, il prit de la main de l'enfant et reçut la communion. Et tout le peuple s'étonna de voir ce prodige et ce miracle au moment de la naissance de l'enfant. Et ils (lui) dirent : ⌜« Et ensuite quel grand miracle fera-t-il ? »[1] Et ils revinrent dans leurs maisons en joie et allégresse. Ensuite son père et sa mère prirent conseil en disant : « Comme c'est notre père Takla Hāymānot qui nous avait annoncé l'heure de la naissance de notre fils, qu'il soit son père spirituel ». Et Arsonwā lui dit : « Va et demande-lui et conduis-le à nous ».

Et notre père Endreyās alla vers notre père Takla Hāymānot. Notre père Takla Hāymānot dit à *mār* Endreyās : « Pourquoi viens-tu à moi ? » Endreyās dit : « Je suis venu pour te dire que l'enfant est né selon ton annonce ». Et l'un à l'autre ils se racontèrent tout. Et notre père Takla Hāymānot aimait notre père Endreyās parce qu'il était son cousin selon la chair. * Notre père Endreyās demanda à notre (* p. 5) père Takla Hāymānot, avec un grand désir, d'être le père de son fils. Notre père Takla Hāymānot lui dit : « O mon fils, est-ce possible pour moi ? Mais que la volonté du Seigneur soit faite ! » Tous les deux furent d'accord; ils allèrent et vinrent au pays de Zem, leur terre. Notre père Takla Hāymānot dit : « Paix soit à toi, ô Arsonwā. Le

[1] B : « celui qui fait le miracle sera grand, plus tard ».

Seigneur soit avec toi, qu'il te sauve de l'ennemi et de l'adversaire, et qu'il garde ton fils pour les siècles des siècles. Amen. »

CHAPITRE III

Et le lendemain, il baptisa l'enfant en disant : « Au nom du Père et du Fils et du Saint-Esprit ». Et le prêtre dit : « Reçois l'Esprit-Saint, le Paraclet » [1], et l'Esprit du Seigneur le remplit. Ensuite notre père Takla Hāymānot fut parrain de l'enfant et il devint son père en l'Esprit-Saint. Il reçut la sainte communion [2] et il (Takla Hāymānot) lui donna le nom de Samuel de Masifā [3], qui avait institué les lois et les statuts pour les seuls Israëlites et oint les rois de l'huile sainte, et devint encore le salut seulement pour eux. Et ce Samuel qui reçut le don, il devint rédemption et salut pour des âmes nombreuses en détruisant les temples des idoles. Il institua le sacrifice de la messe, il nous construisit de grands couvents. Que la force de sa prière soit pour nous une aide, et qu'elle nous garde comme un pasteur, les jours et les nuits. Pour les siècles des siècles. Amen.

CHAPITRE IV

Et puis son père et sa mère le nourrirent bien avec du lait et du miel,
* p. 6 et ils * l'élevèrent jusqu'à sept ans. Ensuite ils conduisirent cet enfant à notre père Takla Hāymānot pour qu'il reçût le bâton et la croix qui étaient dans sa main et pour qu'il lui enseignât les psaumes de David, et la sagesse, et la discipline [4], et la crainte du Seigneur, l'humilité et la simplicité, la bonté et l'amour réciproque, la patience et toutes les vertus. Et notre père Takla Hāymānot dit : « Que la volonté du Seigneur soit (faite) entre nous ». Et notre père Endreyās prit la règle de la vie monastique de la main de notre père Takla Hāymānot. Et il y avait des consanguins par la chair de notre père Endreyās,

[1] Cf. S. Grébaut, *Ordre du baptême et de la confirmation dans l'église éthiopienne*, extrait de la *Revue de l'Orient Chrétien*, 3e série, T. VI (XXVI), Nos 1 et 2 (1927-1928), p. [81]. — [2] Cf. ibidem p. [4] et [53]. — [3] Cf. *1 S* 7,5. — [4] Peut-être « la sagesse » signifie-t-elle ici le livre biblique de la *Sagesse* et « la discipline », le livre de la Bible éthiopienne *tagšāṣa Salomon*, qui correspond aux *Proverbes* 25-29.

tous justes, purs et élus; c'étaient : notre père Tādēwos de Dabra Deḫuḫān et *abbā* Romānos de Dabra Wām. Et quant aux autres, je ne connais pas leurs noms. Et sa sœur aînée mit au monde notre père Anorēwos, pierre d'émeraude et ascète. Sa conduite était pure et son père était Takla Amin dont la ville natale était Mugar Endabāzē.

Et quand notre père Takla Hāymānot entra dans son ermitage, ceux-ci et les autres le suivirent et entrèrent avec lui dans son ermitage. Et l'enfant, Samuel, le suivit en portant le bâton. Il apprenait les psaumes de David et l'art de l'écriture et les règles de la foi de la voix de notre père Takla Hāymānot. Il l'aima avec tout son cœur et toute sa pensée, et le couvent des moines et celui des religieuses l'aimèrent en toute sa conduite et en tout son service et son obéissance. Et ensuite ils le conduisirent au métropolite *abbā* Gērellos et il l'ordonna diacre. Il plut au Seigneur par son service à l'église et par toute sa bonté. Et puis il acheva l'art de l'écriture, il grandit et se fortifia dans l'Esprit-Saint, dans la sagesse et la connaissance, dans l'humilité, dans la patience et dans la bonne conduite. Ensuite notre père Takla Hāymānot appela * son fils Samuel et lui dit: «O mon fils, choisis pour * p. 7
toi de prendre soit la règle de la vie de ton père, soit le joug de la vie monastique». Tous les moines qui étaient dans l'ermitage dirent : « Il faut qu'il prenne la règle monastique comme nous, parce que la grâce du Seigneur repose sur lui». Samuel répondit : « Que ta volonté, ô *abbā*, et ce qui te plaît, soit fait». Et après cela Samuel prit le joug de la vie monastique de la main de notre père Takla Hāymānot qui lui détermina les règles de la vie monastique, les exercices (ascétiques), le jeûne et la prière, la visite à l'église le matin, la prostration le jour et la nuit pendant toutes les heures canoniales, la miséricorde envers les pauvres, l'amour du prochain, l'hospitalité envers les étrangers et le service pendant la messe à l'église. Puis il fut ordonné prêtre par l'*abbā* Gērellos, métropolite, et il acheva tout le travail et devint savant et intelligent.

Ensuite, les disciples de notre père Takla Hāymānot, les moines et les religieuses se multiplièrent, et ils étaient appliqués au jeûne et à la prière, parfaits dans toutes les bonnes œuvres. Ensuite notre père Anorēwos fut béni afin qu'il partît pour le pays de Ṣegāgā; ses fidèles (disciples) qui l'aimaient, le suivirent, et notre père Endreyās, qui avait engendré Samuel, descendit ensemble avec eux. Ils vinrent à la terre de Ṣegāgā, ils parcoururent les régions montagneuses et ils

construisirent un grand couvent au nom de Notre-Dame, la Sainte Vierge Marie — Libératrice et Rédemptrice de tous. Ils achevèrent la construction du couvent de notre père Anorēwos et (ce couvent) devint fort par le Saint-Esprit. Et notre père Samuel fut béni par notre père Takla Hāymānot [1] et il partit avec *tābot* et avec la croix pour la terre de Wagag. Il cherchait dans le désert et il trouva là-bas des démons pendant qu'ils provoquaient une rixe. Il les aspergea d'eau
* p. 8 bénite et il les dispersa. Il construisit * là-bas l'église au nom de la Sainte Croix qui s'appelle terre de Yāgmu, c'est-à-dire Wagag et il l'appela terre de Wagag, et le sanctuaire (il appela) Hagara Masqal. Il trouva les gens de ce pays et leurs préfets Zakāryās et Takla Abrehām et Za'ra Ṣeyon et il conclut avec eux le pacte du ciel et de la terre et il les baptisa en disant : « Au nom du Père et du Fils et du Saint-Esprit ». Il leur donna la religion chrétienne, il leur administra le sacrement de l'eucharistie, il leur enseigna la foi orthodoxe, lui, *abbā* Samuel. Et la sainte église fut fondée par la volonté du Seigneur, et tout le peuple participait au service divin dans son enceinte. Le soir, le Dask [2] entrait dans leurs maisons et il frappait ce qu'il trouvait, les hommes et les femmes, la poterie et les vases, les chaudrons de cuivre et tous les ustensiles saints de l'église. Et quand notre père Samuel entrait il s'enfuyait (loin) d'eux, et quand il repartait il retournait vers eux pour (les) induire en erreur — ce séducteur — par toute l'œuvre et par (tout) le travail.

Un jour que notre père Samuel n'était pas dans cette ville, il ordonna (auparavant) aux gens de la ville de couper les arbres afin d'en faire les portes de l'église, le plancher et les battants de la porte. Quand ils commencèrent à couper, ce démon sauta au sommet de cet arbre, et ils étaient tous au-dessous. Ce démon s'élança du sommet de cet arbre où il était assis pour sauter sur eux et les abattre sur le sol. Tout le peuple cria d'une voix forte, vers la croix glorieuse et vers notre père Samuel en disant : « Reçois-nous sous la protection de ta prière et sauve-nous du combat de l'ennemi et de l'oppression de ce séducteur perfide ». Le Seigneur exauça leur prière et il reçut leur demande et il leur permit de fuir. Il chassa d'eux ce démon. Cet arbre

[1] B ajoute : « et puis notre père Samuel prit le scapulaire de la main de notre père Takla Hāymānot et Anorēwos fut béni par lui ». — [2] Nom d'un démon; cf. S. Strelcyn, *Prières magiques éthiopiennes pour délier les charmes* dans *Rocznik Orientalistyczny* XVIII (1955), Varsovie, p. 44, note 1.

tomba là, et lorsque notre père Samuel fut venu, ils lui racontèrent tout ce qui était arrivé. Ayant * entendu cela, notre père Samuel dit * p. 9 au peuple : « Ce démon ne nous abandonnera que par le jeûne et la prière »[1]. Il pria le Seigneur son Dieu en disant : « Donne-nous la force et la victoire parce que cet ennemi emporte tous les jours le tribut du peuple qui l'adorait toujours, et il veut tout cela de nous ». Comme dit Notre-Seigneur dans l'Évangile : « Cherchez d'abord son règne et tout vous sera ajouté »[2]. Il dit aussi : « Si vous avez la foi comme un grain de sénevé et dites à cette montagne : 'déplace-toi', elle se déplacera, et si vous dites à ce figuier : 'déracine-toi et jette-toi à la mer', il sera fait comme vous avez dit[3] ». Et David dit : « Aie confiance en lui et il t'accomplira et il fera se lever ta justice comme la lumière »[4]. Il dit encore : « Et cherchez sa face toujours »[5]. Et notre père Samuel, en premier lieu, mit sa confiance dans le Seigneur. La maison du Saint-Esprit fut construite et sa prière vint devant le Saint et Trisunique, et il rompit par la force de sa prière les lacs de notre ennemi, le démon. Puis Satan s'enfuit et disparut, et la sainte église fut achevée dans sa longueur et dans sa largeur. Or, ses enfants, les moines et les religieuses, furent nombreux et ils devinrent ascètes, jour et nuit dans le jeûne et la prière.

CHAPITRE V

Ensuite, un jour, quand il était debout sur la porte de l'église lisant les psaumes de David, les gens de Ṣegāgā * qui habitaient dans le vestibule du roi * p. 10 vinrent à lui et ils racontèrent à notre père Samuel tout ce qu'ils voyaient et entendaient, comment on avait lié et emprisonné son père et ses fils, les disciples de Takla Hāymānot. Et les Éthiopiens, chacun dans son couvent, avec le métropolite qui s'appelait *abbā* Yā'qob reprenaient le roi 'Amda Ṣeyon à cause de la foi orthodoxe en disant : « Ne contracte pas mariage avec la femme de ton père, il ne te convient pas de faire cette chose ». Et le roi 'Amda Ṣeyon fut irrité et il ordonna à ses soldats et à ses troupes de les disperser dans toutes les contrées. On amena notre père Fileppos à la ville de Gwent. On fit traverser à notre père Anorēwos le lac de Zewāy. On fit descendre notre père Endreyās à la terre de Dāmot qui s'appelait

[1] *Mc* 9,*29* — *Mt* 6,*33*. — [3] *Mt* 17,*20*; *Lc* 17,*6*. — [4] *Ps* 37,*5-6*. — [5] *Ps* 105,*4*.

Krestos Faṭar. Il y vécut dans le jeûne et la prière et en grande vigilance pendant longtemps. Et les gens de la ville l'aimèrent et il devint leur père et maître. Il construisit là une église au nom de Saint Georges, il leur institua le sacrifice de l'eucharistie et (les instruisit dans) la foi orthodoxe. Puis un préfet du pays qui s'appelait le Qāṣ[1] Bagādā apprit, d'une contrée lointaine, son histoire. Il vint à notre père Endreyās et il demanda et supplia d'être baptisé du baptême chrétien et de lui construire l'église. Ils partirent tous les deux, unis ensemble par l'amour et la paix. Ils arrivèrent à la terre du Qāṣ Bagādā et il assembla tous ses préfets et ses préposés et tous les gens du pays et il les baptisa, hommes et femmes, en disant : « Au nom du Père et du Fils et du Saint-Esprit », et il donna à chacun son nom. Pour le Qāṣ Gādā, il l'appela Takla Ṣeyon. Il leur institua l'église au nom de la Sainte Croix. Il leur enseigna la foi en la Sainte Trinité, l'hospitalité envers les étrangers, la miséricorde envers les pauvres et l'amour du prochain, pour que leur foi fût parfaite. Tous les jours Takla Ṣeyon disait à notre père
* p. 11 Endreyās : * « O mon père, le doux amour que j'ai pour toi brûle ma pensée et incendie mon cœur. Si tu meurs je mourrai avec toi, et si tu vis je vivrai avec toi ». Notre père Endreyās lui dit : « O mon fils, que la volonté du Seigneur soit (faite) ». Puis le roi ʿAmda Ṣeyon ordonna à ses troupes de rassembler les emprisonnés et chassés, de toutes les contrées, et ceux qui étaient chassés de la contrée lointaine. On amena Endreyās, et Takla Ṣeyon le suivit selon sa promesse. Il y en avait d'autres qui suivirent aussi notre père Endreyās vers le témoignage de la mort, et leur nombre était de 73. Ils arrivèrent tous au vestibule du roi et ils le reprenaient à cause de la foi orthodoxe. Ils lui dirent : « O roi, si tu repousses nos lois et si tu n'écoutes pas nos paroles, c'est que tu n'as pas d'amour pour nous ni pour le Christ, notre Dieu ». Et le roi se mit en colère et rugit comme le lion et il ordonna à ses troupes de les saisir et de les frapper avec des bâtons et avec des lanières. Les uns leur jetèrent des pierres, les autres les flagellèrent avec des fouets et des bâtons. Quant à notre père Fileppos, ils le frappèrent jusqu'à ce que son sang coulât à terre. Ils le chassèrent au lieu où il habitait auparavant. Et Fileppos mourut en route avant qu'il arrivât où il allait. Ils flagellèrent avec des fouets le métropolite *abbā* Yāʿqob jusqu'à ce que son sang coulât à terre et ils l'envoyèrent

[1] Un titre; cf. J. Perruchon, *Les chroniques de Zar'a Yâ'eqob et de Ba'eda Mâryâm*, Paris 1893, pp. 112, 186.

au pays d'Égypte [1]. Ils flagellèrent notre père Anorēwos avec des fouets jusqu'à ce que son sang coulât à terre. Et là où son sang était tombé, en devenant feu il incendia les tentes du roi avec son camp, et il épouvanta ses troupes et ses princes. Quant à notre père Endreyās et à ses associés, ils les flagellèrent et leur sang coulait comme l'eau. Takla Ṣeyon fut le premier qui mourut en route vers la terre de Emamulād. Ils moururent et ils furent tous enterrés [2] dans la terre de Enasedestey. Quant à Endreyās et Anorēwos, une fleur de rose rouge sortit * de leur tombe comme le symbole de chacun de tous les deux. * p. 12
Celui qui vit cela admira et celui qui entendit s'étonnait. Et quant à Takla Ṣeyon, le Seigneur qui fait les prodiges fit jaillir de sa tombe l'eau de la vie. Et ceux qui se lavèrent guérirent de leur maladie et furent délivrés de leur souffrance. Que la bénédiction de leur prière et le don de leur aide et leur intercession soient avec son bien-aimé Ḫayla Sellāsē. Pour les siècles des siècles. Amen.

CHAPITRE VI

Quand on eut raconté à notre père Samuel cette chose, il pleura amèrement à cause du massacre de son père Endreyās et parce qu'il fut séparé de leur congrégation. Il pleura ainsi pendant longtemps. Et après cela c'est David qui devint roi, juste et clément, bon et beau dans sa conduite et droit dans sa foi et craignant le Seigneur; il accomplissait ses commandements, il aimait les pauvres et les miséreux. Lorsque notre père Samuel apprit que le Nouveau David était roi, il se réjouit et il vint au vestibule du roi. Il entra et lui raconta tout ce qui était arrivé du commencement jusqu'à la fin, comment les os de son père étaient abandonnés dans la terre déserte. Et notre père Samuel le supplia en disant : « Ô mon Seigneur Roi, permettez-moi de transporter les os de mon père qui restent abandonnés dans la terre déserte, parce que mon couvent et ma prédication n'étaient pas (encore) permis, pour que je construise là l'église ». Le roi lui répondit en disant : « Moi, je te permets de construire là l'église et ne crains pas de prendre le corps de notre père Endreyās. Et moi, je me mets sous sa protection. Et que l'on commémore les autres martyrs qui sont enterrés là ».

[1] B : « Jérusalem ». — [2] A ajoute au-dessus de la ligne : « en 1423, l'année de la Miséricorde ».

Puis il donna à notre père Samuel les ustensiles sacrés, le plateau * p. 13 d'argent, * la patène d'argent, le calice d'argent et la croix d'argent, les vêtements précieux et brochés d'or, les livres de l'Évangile, de Paul et des Actes des Apôtres et tous les ustensiles de l'église. Puis il lui envoya les hérauts, l'un de la maison de son serviteur, l'un de la maison de *ba'ala tagwazāgwaz* [1] et l'un de la maison du juge suprême. Ils partirent ensemble et ils arrivèrent à Merbaryā qui s'appelle terre de Enasedestey. Ils assemblèrent les gens de cette ville et ils leurs dirent : « Écoutez l'ordre du roi qui dit : Nous avons donné la terre de Enasedestey à l'*abbā* Samuel, qu'il soit votre père et votre maître ». Et quand ils virent et regardèrent notre père Samuel, dont l'aspect était magnifique, la face joyeuse, la barbe longue et sur lequel reposait la grâce du Seigneur, ils le reçurent avec joie et allégresse et ils le conduisirent aux tombes des martyrs avec ceux qui le suivaient. Puis la sainte église fut fondée au nom de saint Rufā'ēl archange, et ce sanctuaire fut achevé par la volonté du Seigneur. Ensuite ils introduisirent le *tābot* avec une grande pompe et la gloire et la jubilation. Et le couvent devint grand. Ensuite notre père Samuel demanda aux gens de cette ville : « Où est la tombe de mon père ? » Ils lui dirent : « Ô *abbā*, nous ne savons pas, mais il y a une religieuse, elles aura ». Ils amenèrent cette religieuse, la sœur de celui qui prit la règle de la vie monastique de l'*abbā* Endreyās. Elle montra sa tombe. Et après cela [2], il transporta son père à l'église et il l'enterra au pied de *tābot*. *Abbā* Samuel se réjouit de ce que sa volonté fût accomplie par la grâce du Seigneur et par son salut parfait. Il leur donna la loi et la règle. Puis notre père Samuel retourna au vestibule du roi et il dit au roi : « Ô mon Seigneur, j'ai accompli tout ce que tu m'as ordonné ».

* p. 14 * Et il y avait un homme, le serviteur du roi, qui cuisait toujours le pain. Et, ce jour, le pain fut brûlé. Il rencontra notre père Samuel dans le vestibule du roi et il lui dit : « O *abbā*, je me mets sous la protection de ta prière sainte, par le Seigneur, parce que le roi est irrité contre moi ». Ayant dit cela il alla à son travail. Et quand il fut venu, le roi s'irrita et il ordonna de le frapper avec les lanières; avant que le fouet [3] tombât sur son corps il fut coupé, et le deuxième fut coupé

[1] *tagwazāgwaz*, l'un des officiers du roi, cf. I. Guidi, *Vocabolario Amarico Italiano*, Rome 1901, col. 771. — [2] A ajoute au-dessus de la ligne : « en 1465, l'année de la Miséricorde ». — [3] *ṭiṭi*, cf. Kidana Walda Kefle, *Maṣḥafa sawāsew wa-ges wa-mazgaba qālāt ḥadis*, 1948 (1955/,56) p. 498; dans Dillmann ce mot n'est pas enregistré.

et le troisième fut coupé ; et ainsi jusqu'à sept fouets. Le roi dit : « Par quel art et par quel charme fais-tu cela ? » Ce serviteur lui dit : « Je ne suis pas magicien et je ne connais pas l'art (magique) ». Il ajouta : « J'ai rencontré dans ton vestibule un moine que je ne connaissais pas auparavant, je me suis mis sous sa protection, craignant ta colère ». Le roi lui demanda quel était son aspect. Le serviteur lui dit que son aspect était magnifique, sa face joyeuse et sa barbe longue. Le roi connut que c'était Samuel qui montrait la force (qu'il avait) sur lui et il dit : « J'ai pitié de toi par le Seigneur, et par la prière de l'*abbā* Samuel qui a fait le prodige ».

Puis les femmes illustres du palais royal, ayant entendu sa renommée, vinrent pour recevoir sa bénédiction. Il les bénit avec le crucifix. Les femmes lui dirent : « O *abbā*, pourquoi tu ne nous bénis pas avec ta main ? » *Abbā* Samuel leur dit : « Je n'ai pas d'habitude de bénir avec la main ». Et l'une de ces femmes le maudit en disant : « Pourquoi t'élèves-tu contre nous ? » Samuel ne répondit rien. Elle sortit en achoppant par le bord de son vêtement. Puis elle rentra dans sa maison et ensuite elle fut malade et fut près de mourir. Le lendemain (les gens) vinrent à lui pour le demander et ils lui dirent : « Hier la femme qui t'a maudit est tombée malade d'une maladie terrible. Par le Seigneur, aie pitié d'elle pour qu'elle ne meure pas, elle qui a péché contre toi sans avoir conscience de ce qu'elle a fait». * Notre père Samuel leur dit : * p. 15
« Le même Seigneur qui lui a donné cette souffrance, qu'il ait pitié d'elle et qu'il lui soit miséricordieux. Et quant à moi, j'ai pitié (d'elle) et je lui pardonne pour le nom de mon Seigneur ». En ce jour elle guérit et elle fut délivrée de sa maladie. Ceux qui virent et entendirent cela éprouvèrent une grande crainte et une grande admiration. Et quant à nous, que la force de son aide et de sa prière soit avec son bien-aimé Ḫayla Sellāsē. Pour les siècles des siècles. Amen.

CHAPITRE VII

Le roi David appela notre père Samuel et il lui dit : « A toi, je te donnerai la charge de patriarche dans la région de Endagebṭon, [1] de son bout jusqu'au bout pour que tu sois pour tous le docteur de la loi et l'éducateur et celui qui décide ; et à ceux qui commettront une

[1] Cf. Introduction, p. II, note 9.

faute ou un péché, pour que tu leur pardonnes leurs péchés et leurs crimes; et s'ils s'élèvent contre toi, je te donne le fouet pour les reprendre». Il lui donna le siège précieux et haut et la croix qu'il devait tenir dans la main et la couronne qu'il devait porter sur sa tête et il dit : « Ce siège et cette couronne, et la croix et le fouet qu'ils t'appartiennent, à toi et à ta postérité». Et notre père Samuel fut placé au pouvoir par notre roi David. Il reçut ce que (le roi) lui donna comme le premier *Qāla Ḥaṣē* [1]; il sortit et alla à Enasedestey. Il enseignait la foi et les commandements du Seigneur aux fidèles : hommes et femmes. Puis il préposa à sa place Tādēwos, son fils (spirituel) pour qu'il soit leur père et maître. Ensuite il les bénit en priant pour leur salut et ils l'accompagnèrent sur sa route.

Il arriva à la terre de Ṣelāleš qui s'appelle terre de Zem, le pays de son père. Il trouva sa mère, la sainte Arsonyā, attristée. Ils pleurèrent ensemble et il lui dit : « O ma mère, j'étais dans la tristesse et dans
* p. 16 les pleurs parce que * tu es délaissée tous les jours de ta vie. Dès lors je ne te quitterai pas, ô ma mère; si je vis tu vivras, et si je meurs tu mourras». Ils s'apaisèrent tous les deux et ils restaient seuls. Le lendemain ils se mirent en route et ils arrivèrent au pays de Ṣegāgā qui s'appelle terre de Wagag. Il introduisit sa mère dans la sainte église et il lui donna la règle de la vie monastique et elle devint bien-aimée du Seigneur, aimant le jeûne et la prière. Elle allait à l'église jour et nuit, avec une grande diligence et sans relâche. Notre père Samuel se réjouit d'avoir rencontré sa mère parce qu'elle était élue et généreuse, et de son mode de vie, de sa bonté, de son service au Seigneur. Puis notre père Samuel alla avec les serviteurs du roi et il arriva à la terre de Endagebṭon. Il assembla les préfets et les nobles; il leur dit l'ordre du roi et comment il l'avait nommé maître et celui qui décide et éducateur pour qu'il instituât et abolît et acquittât et, s'ils commettaient un péché ou une erreur, pour qu'il leur pardonnât leurs péchés et leurs iniquités, et s'ils s'élevaient contre lui, pour les faire cesser et les reprendre. Et tous dirent d'une voix unanime : « Ainsi soit-il! Ainsi soit-il!» Puis notre père Samuel passa et prêcha en vertu (de sa charge) de grand *Qāl* du roi, dans cette terre et dans les régions voisines, d'un bout à l'autre. Notre père Samuel retourna à Dabra Wagag où était sa mère. Il assembla tous ses fils pour qu'ils fussent témoins et il leur dit : « Moi Samuel, je sanctionne sous peine

[1] Porte-parole du roi.

d'excommunication, par le sceau du Saint Trisunique, le Père et le Fils et le Saint-Esprit, un seul Dieu, pour que l'on n'enlève pas mon siège de ce sanctuaire : par la force ou par l'autorité, par le pillage, ou par la corruption, ou par l'argent, ou par l'échange, ou par la vente, ou par toute chose semblable, sans (le consentement) de mes fils et sans (le consentement de) ma postérité : qu'ils soient suspendus et excommuniés pour les siècles».

* Puis un homme qui habitait dans la ville d'Enār'et, dont le nom * p. 17
était Ge'ezān, vint et dit à notre père Samuel : « Est-ce qu'il t'est possible, ô *abbā*, de me délivrer de mon dieu Dask qui m'a rendu administrateur de sa maison et médiateur de ses liens; il me flagelle et il me bat chaque jour et il me possède par force ». Notre père Samuel lui dit : « Reste (ici) et ne t'éloigne pas, et le matin nous prendrons conseil en commun ». Le matin ils enlevèrent leur *tābot* et tous les appareils de l'église et lorsqu'ils marchaient sur la route, le Dask-et-Gwedālē [1] les rencontra assis sur le cheval, sur le bord du fleuve de Setāl. Lorsqu'il eut vu notre père Samuel, ce Dask perfide, il s'enfuit épouvanté. Et notre père Samuel courut comme le cerf, il le poursuivit et il le trouva dans la terre de Yaṭēf. Puis il le détacha du cou du cheval et le jeta sur la terre, sous ses pieds. Il le donna aux moines mais il échappa à leurs mains. Et notre père le suivit, ivre de l'amour du Saint-Esprit, jusqu'à ce que le Dask arrivât à la terre d'Endamol. Il entra, ce perfide, dans sa cachette. Puis il fuit et échappa à notre père Samuel et il revint dans les régions de sa campagne. Ge'ezān vint sur sa terre et il lui montra le lieu pour y fonder l'église. Notre père Samuel dit : « Je consens ». Puis l'église fut fondée au nom de Quatre Animaux et il l'appela Dabra Kirub [2]. Puis il baptisa Ge'ezān et les gens de sa maison et les habitants de sa ville. Il appela Ge'ezān Takla Kirub et sa femme — Walata Kirub et, aux autres, il donna à chacun son nom. Ils devinrent dévoués et soumis à l'église et à la loi du Seigneur et ils devinrent chrétiens parfaits dans la foi. Quant à notre père Samuel ils l'aimèrent comme leur père et leur mère parce qu'il les avait sauvés de la main de leur ennemi et libérés de la main de leur adversaire. Notre père Samuel appela Ge'ezān et les fidèles et
il leur dit : *« En quel temps portez-vous la nourriture à ce Dask per- * p. 18

[1] Dask et Gwedālē sont les noms de démons différents, mais ici ils semblent former le nom composé d'un seul démon incarné. — [2] C'est-à-dire « mont des Chérubins »; cf. *Ez* 1,5.

fide ? » Ils lui dirent : « Avant neuf heures ». Notre père Samuel dit à Geʿezān : « Or suis-moi et montre-moi la route ». Ils allèrent tous les deux et ils arrivèrent à la porte du Dask perfide et tout à coup il entra sans que le perfide Dask-et-Gwedālē le connut, au moment où il mangeait et buvait cette nourriture qu'on lui avait apportée. Quand ils eurent vu notre père Samuel, ils furent épouvantés et se dispersèrent comme la fumée, les Dask avec ses nombreuses troupes et les femmes avec leurs enfants. Quand il eut aspergé d'eau bénite, ils fuirent dans leurs grottes et dans leurs cavernes [1]. Notre père Samuel trouva dans leur grotte cette nourriture qui était préparée pour le dîner, avec le plateau d'argent dont ils se servaient comme d'un bassin et d'un panier, une cruche d'argent et un vase semblable à la cruche, à en manger toute la nourriture assaisonnée et neuf calices d'argent dont ils se servaient pour boire l'hydromel et pour boire la bière. Il renversa leur nourriture et leurs boissons et lava ces vases d'argent, les bénit et les consacra. Il trouva là beaucoup de chaises en fer et en bois sur lesquelles les Dask s'asseyaient. Et les bassins d'argent dont ils se servaient comme d'un vase pour puiser l'eau, il les bénit et ils devinrent les vases de l'église. Et les vases métalliques nombreux et la vaisselle — tout cela était en fer — notre père Samuel le bénit et ils devinrent chaudrons de cuivre comme auparavant. Il invita les moines à enlever tout ce qu'il prit. Et les réunis enlevèrent la vaisselle et les outils en fer, et les chaudrons, et tout ce qu'ils trouvèrent dans la grotte. Notre père Samuel se réjouit dans le Seigneur son Dieu et il le bénit beaucoup à cause de ce butin abondant. Et nous, réjouissons-nous et exultons en disant comme David dans le psaume : « Venez, réjouissons-nous dans le Seigneur, notre roi, et applaudissons notre Dieu [2] qui nous donna ce refuge, Samuel, notre père, père de nos âmes et maître, témoin
* p. 19 de notre délivrance et le gardien de nos â mes ». Que la force * de sa prière soit pour nous une forteresse ; qu'elle nous gratifie de jours nombreux et qu'elle ne jette pas sur nous le temps du danger, qu'elle nous garde comme un pasteur (le troupeau) à toute heure, nous tous, les enfants du couvent. Pour les siècles des siècles. Amen.

[1] Les grottes étaient le lieu des rites païens. — [2] *Ps* 95,*1*.

CHAPITRE VIII

Un jour, voyant une grotte qui était un peu loin de son habitation et de l'église, il y fit faire la caverne des exercices ascétiques, pour que personne ne connût sa prière et ses veilles, pour (y) lire l'Évangile et les psaumes de David. Samuel entra dans la grotte et alors l'adversaire prit conseil de ses camarades en disant : « Ce moine m'a chassé de ma ville et de ma grotte et il a pillé toute ma fortune et mes serviteurs et détruit mes temples ». Son camarade lui dit : « La grotte dans laquelle se trouve ce moine est située sur le côté de la montagne, venez, enterrons-le (avec la terre) de la montagne ». Ils prirent conseil entre eux et ils allèrent à sa grotte. Et alors le pâtre avec son camarade disposèrent les bœufs, pour qu'ils ne (les) enterrent pas. Alors il démolit la montagne pour (l') enterrer, mais elle s'arrêta par la force du Seigneur derrière son dos et il le cacha à la force de l'adversaire épouvanté. Et ce Dask, l'adversaire, fut vaincu, et la prière de notre père Samuel prévalut. Puis, pour la deuxième fois, il jeta l'anneau de fer et il le lança pour le tuer. Cet anneau tomba sous les pieds de notre père Samuel et il s'enfonça de trois coudées à l'intérieur de la terre. Ils creusèrent et ils le sortirent, et il l'employa dans la construction de l'église et du sanctuaire, du temple de la Croix du Christ et aussi du Dabra Kirub, c'est-à-dire le couvent de Quatre Animaux qui toujours chantent : Saint [1]. Et le peuple qui * vit et entendit comment le Seigneur * p. 20
sauva (notre père Samuel) du Dask perfide et de la main de son ennemi et de son adversaire, s'étonna. Ainsi sauve-nous, ô Seigneur, qui tiens tout, par la force de la prière de notre père Samuel, nous tous, les enfants du couvent. Pour les siècles des siècles. Amen.

CHAPITRE X

Notre père Samuel alla à Dabra Wagag où était sa mère pour enseigner aux gens de cette ville les paroles du Seigneur avec une prudence et une érudition éminentes. L'adversaire et Dask connut que notre père Samuel n'était pas à Dabra Kirub. Et il y avait un lecteur qui habitait dans la maison des moines. Un jour il alla à la forêt pour

[1] Cf. *Ap* 4,8.

couper du bois et l'adversaire du bien, le Dask, le rencontra. Il prit une pierre et le frappa au sommet de la tête et il mourut. Tout à coup (ceux qui l'accompagnèrent) vinrent là où était notre père *mār* Samuel, en se lamentant, et ils lui dirent (ce qui était arrivé). Il fondit en larmes amères et ceux qui étaient avec lui pleuraient. Notre père Samuel attristé descendit là où se trouvait le corps de celui qui était mort, il s'arrêta, et il pria le Seigneur disant : « Toi qui es descendu du ciel pour sauver ta créature, toi qui guérissais les malades et les infirmes et qui donnais la lumière aux aveugles; toi qui ressuscitais les morts et qui as ressuscité le fils de la veuve [1]. Et Lazare, au quatrième jour, quand son cadavre sentait, tu l'as ressuscité [2]; ô mon Seigneur Jésus-Christ, aujourd'hui ressuscite ce cadavre que ce perfide adversaire du bien a tué. Lorsqu'il veut me perdre, parce qu'il s'attribue à lui seul le pouvoir, lui, le séducteur, il donne les ordres aux peuples ». Et notre père Samuel leva sa main et il (l')étendit trois fois sur sa face
* p. 21 et il dit : « Lève-toi, * te dit le Fils du Dieu vivant et Fils de Marie incarné ». Et aussitôt il se leva, vivant, et il loua le Seigneur glorieux et il le remercia beaucoup en disant : « Glorifié soit ton nom, ô Seigneur, qui n'as pas fait de moi la dérision de l'ennemi pour qu'il ne se vante pas et ne me maîtrise pas, cet ennemi ». Et tous ceux qui étaient là s'étonnèrent et ils dirent : « C'est une chose étonnante qu'a faite le Seigneur : par la multitude de ses miséricordes et de sa grâce, et par la prière de notre père Samuel, ce Dask perfide a été vaincu et chassé de cette ville » [3]. Et les moines augmentèrent en nombre et ils devinrent des cénobites; ils s'adonnèrent au jeûne et à la prière, et ils veillaient jour et nuit. La force de leur prière et leur intercession soient avec nous tous, les enfants du couvent et avec les auditeurs. Pour les siècles des siècles. Amen.

CHAPITRE XI

Puis notre père Samuel assembla les chefs de cette ville et ses administrateurs et il leur dit : « Donnez-moi les impôts pour qu'ils soient pour les moines et pour les prêtres, pour les diacres et pour

[1] Cf. *Lc* 7,*11-17*. — [2] Cf. *Jn* 11,*32-44*. — [3] B ajoute : « et les gens de la ville furent baptisés ».

les officiants (de l'église) ; vous savez comme j'ai lutté ici ». Ils prirent conseil à l'unanimité et ils lui donnèrent (comme) patrimoine pour l'église, du fleuve de Māya Setāl jusqu'à la frontière d'Endamol et jusqu'à la frontière de Yaṭēf. Il leur fit prêter un grand serment pour qu'ils n'emportassent pas (le patrimoine) de génération en génération, ni eux-mêmes ni leurs fils ni leurs petits-fils. A cause de cela notre père Samuel et les gens de la ville avec les nobles et les administrateurs et les chefs, conclurent un pacte du ciel et de la terre. Puis notre père Samuel les bénit, il invoqua sur eux la paix et la bénédiction abondante en disant : « Que le Seigneur vous * garde et vous protège, qu'il fasse * p. 22
fuir vos adversaires et vos ennemis toujours ». Avec son bien-aimé Ḫayla Sellāsē. Pour les siècles des siècles. Amen.

CHAPITRE XII

Après cela la sainte et vénérable Arsonyā, mère de notre père Samuel, tomba malade ; et il pleura amèrement et les moines et les religieuses pleurèrent avec lui en se souvenant de toute sa charité et de toute sa bonté, parce qu'elle était bienheureuse dans sa conduite. Elle passa de ce monde passager à la miséricorde du Seigneur, elle mourut glorieusement le 6 du *sanē*. Ils l'enterrèrent et ils s'en allèrent à leurs maisons, en s'attristant et se chagrinant. Notre père Samuel resta près de la tombe de sa mère, veillant jour et nuit, dans le jeûne et dans la prière, jusqu'à quarante jours, pour que le Seigneur purifiât son chemin. Puis ayant achevé les jours du deuil il sortit de là et il entra dans le fleuve de Setāl.

Il y avait dans l'eau la corde du lacs que l'ennemi du bien, le démon, dont le nom était Qwetel, avait jeté. Et notre père Samuel (le) connut par le Saint-Esprit et il entra dans la profondeur de l'eau, il chercha avec sa main, il trouva la corde du lacs, il (l')entraîna et (la) sortit avec (toute sa) force. Et notre père Samuel dit à ce Qwetel : « Pourquoi as-tu fait cela ? C'est pour précipiter tous les hommes au moyen de ton art (magique) et de tes charmes que tu mets cette corde. Et dès maintenant je t'excommunie par le Saint-Esprit pour que celui qui invoquera le nom du Seigneur et mon nom et qui se mettra sous ma prière tu ne le précipites plus désormais avec cette corde, ô perfide ! Et je te (l')ai enlevée au nom de Jésus-Christ, je t'ai vaincu, j'ai prévalu

* p. 23 sur toi, je t'ai enlevé ce butin * et je ne te (le) donnerai plus». On mesura cette corde et sa longueur était de quatre-vingts coudées d'homme. Il en fit faire le toit de l'église. Notre père Samuel fit tout cela par la force de sa prière. Son intercession, sa grâce et sa faveur, qu'elles soient avec son bien-aimé Ḫayla Sellāsē. Pour les siècles des siècles. Amen.

CHAPITRE XIII

Puis notre père appela ses fils et il leur dit : « Venez à moi, allons et marchons où nous ordonna le Seigneur ». Ils allèrent et ils arrivèrent à Baṭāmo. Sur la route il rencontra un homme dont le nom était Gwabaḫon qui amenait les bouvillons [1] avec la corde ; les pains rangés, l'hydromel et la bière étaient portés par ses serviteurs. Notre père Samuel lui dit : « Où portes-tu cette nourriture préparée ? » Gwabaḫon lui dit : « A mon dieu Dask qui est appelé Zangwabagar ». Quand il parlait ainsi ce Dask regarda de loin notre père Samuel qui se trouvait avec Gwabaḫon, debout à la porte de sa maison, ce Dask perfide. Il ordonna à deux de ses serviteurs, de Gwedālē, qui s'appelaient Maḫozey, parce qu'ils étaient la force et la défense de Dask, avec son fils unique, et il leur dit : « Allez, tuez ce moine, un certain ». Ils coururent et ils arrivèrent à notre père Samuel et il leur sembla (possible) de le tuer. Et alors il (les) aspergea d'eau bénite et il les vainquit, notre père Samuel, l'homme juste, l'ascète, et il tua les deux Maḫozey. Le fils de Dask fuit, alla à son père et lui dit : « Tes serviteurs sont morts ». Et il envoya encore son serviteur et domestique, fort et robuste ; il courut rapidement avec un bâton solide. Il arriva où se trouvait notre père Samuel pour le tuer. Celui-ci (l')aspergea d'eau bénite et, aidé par la force du Seigneur, il tua le serviteur méchant, et il devint une pyramide de pierres et sa similitude se trouve jusqu'à maintenant
* p. 24 au dehors, fixée entre l'église * et l'hospice des pauvres. Venez, voyez le miracle de votre père et sa grande lutte, avec l'aide du Seigneur unique qui lui fit ce miracle par la multitude de sa miséricorde et de sa grâce.

[1] Pour la plupart des Couchites les bouvillons sont le sacrifice préféré par le dieu ; cf. E. Cerulli, *Note sul movimento musulmano nella Somalia* dans *Rivista degli Studi Orientali* 10 (1923-25), p. 4.

Puis il se leva et alla, notre père Samuel, l'ascète, là où se trouvait le Dask perfide dans sa maison et il resta là trois jours, dans l'attente, assis là où il n'y avait pas de maison ni de tente ni quoi que ce fût pour s'y appuyer. Et Dask vint après qu'il avait fui et il dit à notre père Samuel : « Pourquoi viens-tu à moi ? Pour me chasser de ma ville après que tu as tué mon serviteur qui était ma glorification et ma force. Et tu as tué mes deux compagnons, les Maḫozey ». Or il le demanda en disant : « Donne-moi le temps jusqu'à ce que je vienne à toi avec mes camarades et tu m'attendras avec tes camarades ». Notre père Samuel lui dit : « Oui, qu'il soit comme tu dis ». Et ce Dask reçut le temps et il alla sur son chemin. Et notre père Samuel alla en se réjouissant dans le Saint-Esprit à cause de cette chose. Et lui, l'ascète Samuel, étant revenu à Hagara Masqal, persévérait dans la prière à notre Seigneur Jésus-Christ ; il entra à l'église, il étendit ses mains et il pria le Seigneur son Dieu en disant : « O mon Seigneur, Jésus-Christ ! Parce que tu connais la faiblesse de ta créature, parce que ma force est infirme ; ô mon Seigneur Jésus-Christ, tu connais ma pauvreté et mon indigence ; ô mon Seigneur Jésus-Christ, parce que je n'ai pas d'armes pour lutter avec lui comme le soldat du roi ; ô mon Seigneur Jésus-Christ, parce que je n'ai pas d'épée pour couper le cou de l'ennemi et n'ai pas de lance comme le soldat pour percer le flanc fortement, et n'ai pas de soldats pour lutter avec lui, et n'ai pas de force pour faire la guerre avec mon adversaire ; ô mon Seigneur Jésus-Christ, je suis attristé quand il couvre d'outrages ta naissance et ton séjour dans la crèche quand tu pris * chair de la Sainte Vierge Marie ; je suis attristé, * p. 25
ô mon Seigneur Jésus-Christ, quand il couvre d'outrages ton saint nom et le nom de ta Sainte Trinité ; et nous, il veut nous perdre, ce Dask perfide qui imputa l'empire à lui-même et qui domina tous les peuples et beaucoup de gens par son art (magique) et par les charmes ; il les fait l'adorer et il les possède par son pouvoir : sauve-moi et délivre-moi du lacs de l'ennemi ». Pendant qu'il disait cela, notre Seigneur Jésus-Christ vint et lui dit : « Je suis venu à toi ; salut à toi, ô mon bien-aimé et mon fidèle, ne crains pas et ne t'épouvante pas, car je serai avec toi tous les jours de ta vie. Et que le martyr, l'étoile de la gloire, Georges, te garde et qu'il t'aide tous les jours de ta vie. Et quiconque invoquera ton nom et mon nom et se mettra sous ta prière, je le sauverai de toute son affliction ; et celui qui écrira le livre de ta vie, j'inscrirai son nom dans le livre de la vie. Et qui méditera

au jour de ta commémoration, (en jeûnant) au pain et à l'eau, je répandrai la bénédiction dans sa maison, et au dernier jour je lui donnerai la grâce céleste. Et celui qui hébergera le pauvre dans sa maison au jour de ta commémoration, je le ferai habiter au paradis de la joie. Et à celui qui lavera les pieds du pèlerin, je laverai la souillure de ses péchés. Je t'ai donné ce don au ciel et sur la terre. Et ces moines qui te suivent ils s'éloigneront de toi, ils t'abandonneront seul, mais moi, je serai avec toi et je ne te quitterai pas». Ayant dit cela il alla et il disparut, il monta au ciel avec ses anges. Notre père Samuel se réjouit beaucoup à cause de ce qu'il avait reçu le don du pacte et le privilège. Que la prière et le don d'aide de notre père soient avec son bien-aimé Ḫayla Sellāsē. Pour les siècles des siècles. Amen.

* p. 26

* CHAPITRE XIV

Reprenons donc le commencement du récit et racontons l'histoire de son combat qui est semblable non seulement au combat des confesseurs, mais semblable au combat des martyrs, conforme exactement à leur témoignage. Je ne (le) raconterai pas complètement, mais un peu, comme il m'est possible; je vous (le) raconterai par la grâce du Seigneur et par la prière de notre père Samuel. Que sa bénédiction et la grâce de son aide soient avec son bien-aimé Ḫayla Sellāsē. Pour les siècles des siècles. Amen.

Et le temps arriva duquel notre père Samuel était convenu avec le Dask perfide. En ce jour notre père Samuel appela ses disciples et leur dit : « Venez, allons ! Qui veut aller, qu'il aille avec moi et qui ne veut pas, qu'il reste là ». Et tous dirent à l'unanimité : « Si tu meurs, nous mourrons, et si tu vis, nous vivrons ». Ils allèrent et ils arrivèrent dans la terre de Baṭāmo qui s'appelle Yāguy. Et quand les moines virent les troupes du Dask sortant de leurs grottes, les 400 avec les épées, les lances et les boucliers, 300 Gudālē qui s'appelaient Maqwazyā avec les arcs et les flèches, et 300 ouvriers en métaux qui portaient des soufflets de forge et des marteaux, ayant vu tout cela les moines craignirent et s'épouvantèrent, ils s'enfuirent au loin sur la route, et laissèrent notre père Samuel seul. Ils ne se souvinrent pas de cet événement d'autrefois : une fille de basse stature, la portière, fit renier à Pierre, l'Apôtre, notre Seigneur Jésus-

Christ, son Dieu ; quand * il le vit arrêté, lié avec une corde, souffleté, * p. 27 il craignit et trembla en ce temps [1], comme dit l'Apôtre : « Parce que la peur a un châtiment » [2]. Et Sirach, le sage, dit encore : « Ne prends pas conseil d'un poltron, au temps de la lutte et de la guerre, et les forts s'épouvanteront beaucoup » [3]. Et Samra Krestos [4] dit : « En montant sur la montagne seul, s'ils le percent avec une lance et s'ils coupent son cou avec un épée, s'ils le piquent avec un arc, s'ils frappent sa tête avec un marteau, moi, assis là, je verrai tout ce qui arrivera et s'il meurt, je l'enterrerai, notre père Samuel, comme chaque homme ». Ayant dit cela il pleura, versant des larmes amères. Et l'ennemi Dask dit (à notre père Samuel) : « Pourquoi ne fuis-tu pas de moi ? Tous tes disciples t'ont quitté et tu es resté seul. C'est là qu'ils se sont dispersés. Qu'est-ce que tu veux de moi ? Crois-tu pouvoir m'échapper ? » Notre père Samuel lui dit : « Pourquoi te vantes-tu de ton art et de tes charmes, ô perfide ? Car Dieu, mon Seigneur Jésus Christ, me sauvera de ta main ». Et tout à coup ce Dask fut poussé par la jalousie et se mit en colère quand notre père Samuel, plein de la sagesse et du Saint-Esprit invoqua le nom du Fils unique de Dieu. Il ordonna à ses serviteurs Gudālē et Maqwazyā de le piquer avec l'arc et avec les flèches et ils le piquèrent. Notre père Samuel recevait (les flèches) dans son manteau et il les jetait à terre jusqu'à ce que les flèches manquassent dans leurs carquois ; elles étaient accumulées sur la terre. Alors ces Dask se lancèrent sur lui et comme ils voulaient le saisir, notre père Samuel (les) aspergea d'eau bénite et ils tombèrent tous ; l'eau bénite devint flamme et elle les brûla comme du feu et ils prirent feu l'un de par l'autre. Leurs cadavres tombèrent aux pieds de notre père Samuel, et il vit ceux qui tombèrent et leur nombre était de 74. * Samra Krestos appela les moines qui avaient fui et il leur * p. 28 dit : « Venez à moi ! Notre père Samuel a vaincu ». Alors ils sortirent de leurs cavernes et de leurs grottes. Et de ceux qui s'étaient enfuis les uns prirent le bâton et les autres prirent la pierre, et ils chassèrent les troupes des démons : ils les poursuivirent, ils les frappèrent avec les bâtons et ils leur jetèrent des pierres. Ils tuèrent les uns, et ceux qui restèrent se dispersèrent comme la fumée devant la face de notre père Samuel, à cause de l'épouvante et de la crainte. Les moines re-

[1] Cf. *Mt* 26,*69-75*. — [2] 1 Jn 4,*18*. — [3] *Si* 37,*11*. — [4] Peut-être est-ce le Saint mentionné dans un miracle de Marie ; cf. E. Cerulli, *Il libro etiopico dei miracoli di Maria*, Rome 1943, pp. 190-191.

vinrent et ils demandèrent notre père Samuel et lui dirent : « Aie pitié de nous, par le Seigneur, parce que quand la crainte et le tremblement nous prirent, nous t'avons quitté ». Notre père Samuel leur dit : « Que le Seigneur vous pardonne ». Il leur ordonna d'apporter le *tābot*, les vases saints et tous les ustensiles de l'église. Ils construisirent là l'église au nom de Quatre Animaux et cette église fut bénite. Il baptisa les gens de cette ville au nom du Père et du Fils et du Saint-Esprit, un seul Dieu. Il leur donna le cordon [1] du Christ, il leur distribua la sainte communion, il leur enseigna la foi orthodoxe. Notre père Samuel leur dit : « Reniez Satan et les siens et croyez au nom de la Sainte Trinité ».

Puis le Dask perfide, l'ennemi, prit conseil en disant : « Si je m'approche, il me brûlera dans son feu ; seulement, debout, de loin je pourrai le tuer, parce que lui, il tua mes frères, et tous mes Gudālē, et mes Maqwazyā, et mon serviteur qui était ma force ». Les moines le virent, debout à l'arbre, et ils dirent à notre père Samuel : « Quand nous sortons, le matin et le soir, il nous effraie, ô *abbā* ». Il leur dit : « Pourquoi vous effraie-t-il ? N'avez-vous pas entendu ce que dit (le Seigneur) dans l'évangile de Matthieu : « O gens de peu de foi [2], pourquoi vous
* p. 29 effraie-t-il ? » Notre père Samuel sortit et il vit cet ennemi Dask * qui jeta l'anneau de fer sur lui ; il lui sembla qu'il le tuait mais (l'anneau) tomba aux pieds de notre père Samuel car le Seigneur puissant le garda et protégea par son grand pouvoir et miracle. On mesura cet anneau et il avait 60 coudées d'homme et neuf hommes ne pouvaient le soulever. Notre père Samuel fit faire de sa moitié le *tābot* de Quatre Animaux, ses fenêtres et les battants de sa porte ; et de l'autre moitié il fit faire le *tābot* de Saint Georges, ses fenêtres et ses portes. Et alors ce Dask perfide s'irrita, il tira son glaive et déchira son ventre, qui fut percé jusqu'à ses hanches ; ses entrailles se répandirent et il mourut, ce perfide. On dit à notre père Samuel : « Bonne nouvelle pour toi, ô *abbā* ! Celui qui voulait te tuer, lui-même fut tué ». Notre père Samuel se leva, il leva son bâton et signa sa face avec le signe de la croix. Donc les Maqwazey, les nombreux complices de Dask, furent vaincus. Notre père ordonna de spolier les repaires de la caverne du Dask et un groupe de moines (y) alla ; ils enlevèrent tout et ils expulsèrent sa femme avec ses enfants. La femme du Dask dit : « J'ai vu ce moine quand il tuait mon mari Dask ». Notre père Samuel sourit par le Saint-

[1] Cordonnet de soie porté au cou par les chrétiens. — [2] *Mt* 6,*30*.

Esprit. La force de la Sainte Trinité reposait sur lui et alors notre père Samuel ordonna à ses disciples de les précipiter près de la porte de la ville, sur la route du marché et de lapider là les Dask. Ils firent ainsi, ils les précipitèrent en jetant leurs cadavres dans le précipice ; et leurs filles étaient sur la place de la caverne. On construisit là une église et un grand couvent.

Et il y avait un autre Dask perfide près de cette ville et il incendia leur maison et l'église. Puis notre père Samuel prit le prêtre des idoles et il lui dit : « O perfide séducteur de tous les peuples * (p. 30) et l'ennemi du bien, pourquoi induis-tu l'homme en erreur ? » Et Dask dit : « Ne me tue pas, comme tu as tué mes camarades, les Dask, et je deviendrai ton serviteur. Quand je t'ai regardé, la flèche de l'éclair est sortie de ta bouche qui m'a épouvanté et a percé mon flanc comme la lance et m'a brûlé comme l'éclair ». Puis notre père Samuel le baptisa au nom du Père et du Fils et du Saint-Esprit, il souffla sur sa face trois fois et l'esprit du Seigneur le remplit, et l'esprit mauvais sortit de lui. Il l'ordonna ostiaire et il fut pieux. Puis il lui donna la règle de la vie monastique et il plut au Seigneur tous les jours de sa vie.

Après cela notre père Samuel saisit l'autre chef des prêtres des idoles et il dit : « Ne le tuez pas ». Ils le quittèrent en obéissant à la parole de notre père Samuel. Puis il lui imposa la pénitence. Et ce prêtre des idoles vint pour recevoir la communion, après qu'il eut mangé le pain. Notre père Samuel (en) eut connaissance par le Saint-Esprit et lui dit : « O insolent et trompeur, après que tu as mangé et t'es rassassié, tu as voulu la communion ? » (Ce chef) alla (trouver) une devineresse dans une contrée lointaine et il revint au culte des idoles. Et notre père Samuel dit aux réunis : « Après demain il mourra, le matin, de mort mauvaise ». L'un des réunis se leva et il alla pour en avoir la certitude. Il rencontra les gens de la devineresse pleurant qui lui dirent : « Hier matin, quand nous étions réunis au travail de la devineresse, notre père Samuel vint à nous ; nous nous sommes effrayés et nous avons fui. Il nous a poursuivis et nous a fait tomber dans le précipice. Les uns se cassèrent le genou, les autres se cassèrent (les autres) membres du corps. Et ce prêtre des idoles est mort de mort mauvaise et sa trace n'a pas été retrouvée ; la force de sa prière l'abattit. Comme notre père Samuel l'a prédit et qu'une chose étonnante arriva, ainsi qu'il abatte son ennemi Mastēmā et qu'il nous sauve de l'affliction * (p. 31) et de la tribulation. Que la force de sa prière soit un collier pour nous, pour nous tous, les enfants du couvent. Pour les siècles des siècles. Amen.

CHAPITRE XV

Il y avait un dignitaire dans cette ville, et il fit un combat avec notre père Samuel, et devant sa face il fut jeté bas de mulet en un instant : il tomba et ses os furent cassés. On lia les membres de son corps et on l'amena à notre père Samuel. Le dignitaire le supplia en disant : « Pardonne-moi, ô *abbā*, par le Seigneur ! » Notre père Samuel lui dit : « Que le Seigneur te pardonne ! » Et il eut pitié de lui et il devint sain.

Un jour on raconta à notre père Samuel qu'il y avait des lamentants qui pleuraient à cause de la mort de leurs pères et de leurs mères, de leurs frères et de leurs sœurs, de leurs cousins et de leurs cavaliers, les Dask nombreux avec leurs femmes, la devineresse et les devins. Ils restaient sur un lieu, les serviteurs de Satan. Notre père Samuel dit à ses disciples, élus et purs : « Venez, saisissons les devins et dissolvons les charmes avec lesquels ils devinaient ». Ses disciples lui dirent : « Nous les craignons, avec quoi prévaudrons-nous sur eux, ô *abbā* ? » Le Saint leur dit : « N'ayez pas peur, mes enfants, et ayez confiance dans le Seigneur, notre Dieu. Il nous aidera et il nous sauvera de la main de l'ennemi et l'adversaire ». Puis ils allèrent ensemble par l'ordre du Seigneur avec notre père Samuel ; leur nombre était de 25. Notre père Samuel et Samra Krestos fortifiaient leurs cœurs pour que les ténèbres de la nuit ne les épouvantassent pas et ne les effrayassent pas, eux qui avaient mis leur confiance dans le nom du Seigneur. Ils arrivèrent et vinrent où étaient les gens de la devineresse et les devins, quand ils devinaient, ces mauvais, réunis comme les appela
* p. 32 Satan, avec leurs boucliers préparés. * Et ces saints, notre père Samuel et Samra Krestos, entendirent le bruit des magiciens quand ils jouaient et s'amusaient avec les devins. Et (ces) méprisables, dans lesquels il n'y a pas de cœur, tous ces fous, ils allèrent et ils furent épouvantés, ils devinrent comme la fumée, ils allèrent à leur contrée. (Seulement) deux constants restaient d'eux, et leur nom Thomas et Samra Krestos, le bienheureux. Ayant pris des pierres ils les jetèrent sur les boucliers des perfides. A ce moment, le bruit de leurs boucliers épouvanta ces

méprisables, dans lesquels il n'y avait pas de cœur, tous les fous se dispersèrent comme la fumée. Et le bienheureux Samra Krestos entra dans la maison de la devineresse en (la) signant au nom de la Sainte Trinité et il trouva là beaucoup de femmes, aux vêtements ornés, qui vénéraient la devineresse. Il enleva les vêtements avec lesquels elles étaient ceintes, et les lia fortement. Et le nombre de vêtements qu'il prit était de 35 et, avec ceux avec lesquels elles étaient ceintes, il était de 70. Notre père Samra Krestos en fit deux parts : 40 pour le Dabra Kirub et 30 pour le Dabra Degmeʿu, la maison de Samuel. Et les bouvillons qui avaient été apportés à la devineresse comme offrande et les ornements d'or de leurs visages, il (les) enleva. Portant les vêtements, et poussant les bouvillons il arriva à notre père Samuel, il retourna dans la paix. A cause de cela Samra Krestos fut béni, il reçut la bénédiction de notre père Samuel. Et pour nous, que la force de sa prière soit la victoire sur l'ennemi et l'adversaire, et, dans notre faiblesse, l'affermissement pour nous tous, enfants du couvent. Pour les siècles des siècles. Amen.

CHAPITRE XVI

Et pendant que notre père Samuel prêchait dans la terre de Enda Gabṭon, il resta en un lieu qui s'appelle Wagra Ṭāy. Il arriva là où étaient les Dask, le devin et la devineresse, auxquels les gens de la ville rendaient le culte divin. Ils * devinaient dans les temples et of- * p. 33
fraient les sacrifices aux idoles. Et notre père Samuel, l'ascète et l'homme fort, détruisit leurs temples et leurs charmes, (aux lieux) où ils faisaient le culte. Il les fit croire au nom de la Trinité et il chassa d'eux l'adversaire et l'ennemi et les libéra. Puis il les baptisa au nom du Père et du Fils et du Saint-Esprit et il fit là les tabernacles pour leur administrer le sacrement de l'eucharistie. Il donna, à chacun, son nom; le préfet de la terre, il le nomma Za-Iyasus; sa femme, il la nomma Amata Iyasus; et Wagra Ṭāy, il le nomma Wagra Iyasus. Il leur institua le sacrifice, il leur distribua la sainte communion, il leur donna le cordon du Christ. Il leur enseigna la foi orthodoxe et il construisit l'église au nom de Jésus. A lui gloire jusqu'aux siècles des siècles. Amen.

Quand notre père Samuel entendit un cri, il leur dit : « Qu'est-ce

que c'est ? » Les gens de cette ville lui dirent : « Il y a un malade dans cette contrée que, depuis longtemps, le démon jette dans le précipice et brûle avec le feu, et précipite dans le lac ». *Mār* Samuel leur dit : « Quelle maladie a-t-il, ce malade ? » Ils lui dirent : « Le démon mauvais le fait crier, jours et nuits ; il le rend fou et il le fait baver, il le fait se débattre et balancer le cou ; sa pensée manque et beaucoup de prêtres ne peuvent pas le faire sortir ». *Mār* Samuel leur dit : « Conduisez ici ce souffrant ». Les gens de cette ville le conduisirent à notre père *mār* Samuel. L'ayant vu, ce démon se remua et cria en disant : « Laisse-moi aller et fuir en hâte ». *Mār* Samuel dit : « Tenez-le fortement, ô gens ! » Et les gens de cette ville lui dirent : « Oui, nous le tenons fortement ». Ils l'amenèrent à notre père Samuel et il prit son front avec
* p. 34 ses doigts saints. (Le démon) * cria d'une voix forte disant : « Malheur à moi ! Malheureux que je suis ! Mon temps est arrivé, et mon jour. Je suis vexé et il brûle tous les membres de mon corps et il me tient fortement — notre père Samuel, le magicien ». Il se lamentait beaucoup de cette manière en invoquant les noms des prêtres, tel et tel. Notre père Samuel l'effraya en récitant sur lui les paroles du Seigneur. Il se lamentait avec de grands pleurs, des cris et des lamentations, disant : « Laisse-moi sortir parce que je suis proche de mourir. Ton feu me brûle et me dévore, et tes bras forts me broient ». Notre père Samuel lui dit : « Quel est ton nom et qui es-tu ? » Le démon dit : « Zazeb Agam est mon nom »[1]. Et à ce moment (notre père Samuel) le signa d'un signe de la croix, en disant : « Au nom du Père et du Fils et du Saint Esprit, un seul Dieu ». Le démon cria fortement disant : « Laisse-moi sortir, maintenant je ne reviendrai plus dans cet homme ». En ce temps notre père Samuel souffla sur lui trois fois en disant : « Au nom du Père et du Fils et du Saint-Esprit, un seul Dieu, sors, esprit impur ». Il sortit tout de suite et l'homme devint comme mort. Samuel le signa avec le signe de la croix et il devint vivant. Beaucoup de gens qui étaient avec lui s'étonnèrent. Ainsi avec grande force le miracle fut fait par l'ordre du Seigneur. Et à cet homme qu'il guérit, il donna le nom de Joseph. Et l'esprit d'intelligence et de prudence fit répandu en lui. Il devint prêtre et il embrassa la vie monastique parfaite, il devint bon et craignant le Seigneur. Que le Seigneur nous
* p. 35 comble * de sa grâce et de sa miséricorde, et qu'elle nous protège du siècle mauvais, la force de la prière de notre père Samuel. Amen.

[1] Allusion à la force magique du nom ; cf. Introduction, p. XI.

Quand notre père Samuel arriva à une ville qui s'appelait Yedānez, il rencontra un homme, le frère de Wedma Agnan qui oignait le fondement de sa maison avec du sang. Il fut saisi d'épouvante et il lui dit : « D'où viens-tu et où est ton pays ? » Il le pria et supplia de rester chez lui. Il lui dit : « La femme de mon frère est en altercation avec son mari, viens, je t'introduirai chez la femme de mon frère ». Ils allèrent et ils arrivèrent chez la femme de son frère ; elle vit notre père Samuel, elle se réjouit beaucoup et elle lui dit : « Mon père me maria après qu'il eut reçu beaucoup de choses comme prix de rachat ; il me maria, mon père, à l'adorateur des idoles et au prêtre des démons. Il sacrifie aux Dask en immolant 12 bœufs et tous les jours il oint le fondement et le toit de la maison avec leur sang, et il offre beaucoup de nourriture assaisonnée ». Notre Père Samuel dit à la femme : « Où est ton mari ? » Elle lui dit : « Mon mari, il est le premier parmi les gens de la ville. Il prend les bœufs, il (les) réunit et il offre la nourriture préparée à ses idoles. Il danse et il saute, et ces Dask l'aiment et il les aime ». Notre père Samuel lui dit : « Que les serviteurs sortent et qu'ils me l'amènent ». Et sa femme envoya, et il vint à elle. Elle le réprimandait et le reprenait et le maudissait en disant : « O fou, est-ce qu'il te semble que tu ne mourras pas ? O scélérat, la richesse fausse est passagère et tout cela est vain. Si tu suis l'amour des idoles, en quittant l'amour du Seigneur, moi, je ne serai plus ta femme et ne demeurerai pas avec toi ». Quand elle disait cela à son mari, notre père Samuel vint et il s'arrêta à distance. Quand il le vit, il s'effraya et il trembla de s'approcher de lui. Notre père Samuel appela * Wedma Agnan et il lui dit : « Ô perfide, tu es infidèle au Seigneur et tu as renié ton Dieu qui te créa et qui te forma. Renie Satan et éloigne de toi l'esprit impur et dis et crois au nom du Père et du Fils et Saint-Esprit ». Et alors l'esprit du Satan le quitta et il fut baptisé au nom du Père et du Fils et du Saint-Esprit. Et tous les gens de cette ville, il les baptisa et il leur donna à chacun leur nom. Wedma Agnan, il l'appela Paul, et sa femme, * p. 36
il l'appela Ṣeyon Zamadā, et leurs deux enfants, il les appela l'un Zakāryās et l'autre, il l'appela Tasfā Ṣeyon ; et sa fille il l'appela Arsimā et tous devinrent moines. Et le lendemain ses deux yeux devinrent aveugles et ténébreux. Sa femme envoya (chercher) notre père Samuel. Il vint et il vit ses yeux qui s'obscurcirent, il (les) aspergea avec l'eau bénite en disant : « Au nom du Père et du Fils et du Saint-Esprit, un seul Dieu ». Il souffla trois fois et ses yeux s'ouvrirent.

Il vit et il leva ses yeux vers le ciel, il remercia et bénit le Seigneur béni et glorieux, il proclama bienheureux notre père Samuel. Sa femme et ses enfants se réjouirent de ce que ses yeux purent voir.

Notre père Samuel alla dans la terre de Žar, il vint et détruisit les temples des démons ; les idoles furent vaincues et les dieux furent détruits, et ces Dask disparurent comme la fumée. Puis il retourna dans la terre de Yagaz et là il construisit l'église au nom de Notre-Dame, la Génératrice de notre Sauveur dans ce monde. Ensuite il leur donna la sainte communion, il fortifia leur foi. Puis notre père retourna et ils furent bons et droits, et craignant le Seigneur. Et tout cela advint par la prière de notre père spirituel Samuel. Que la force
* p. 37 de sa prière et la grâce * de son aide soient libération pour son bien-aimé Ḫayla Sellāsē. Pour les siècles des siècles. Amen.

CHAPITRE XVII

Il y avait un homme, préfet de la ville qui habitait dans la terre de Walal et son fils, beau et bon, avant qu'il reçût la loi du baptême et du christianisme, aimait le Seigneur de tout son cœur, autant qu'il pouvait. Il vint à notre père Samuel et il lui dit : « O *abbā*, ayant entendu ta gloire et ta bonté, je suis venu à toi. Ces Dask fuirent devant toi en voyant ta majesté et ta face, et les flèches de ta prière piquent leurs yeux. C'est pourquoi, ayant connu cela avec certitude, je suis venu à toi, ô *abbā* : baptise-moi ! Mais mon père aime les Dask et il fait toute leur volonté ». Notre père Samuel lui dit : « Ne marque pas de haine à ton père et aux Dask jusqu'à ce que tu construises la maison pour moi ». Il accepta la condition que le saint lui dit, il (le) manifesta avec l'humilité. Il lui construisit la maison, il envoya à notre père Samuel. Notre père Samuel dit à ses disciples : « Venez, allons à ce captif, que le Seigneur (nous) indiqua, en portant le *tābot* de Qirqos, avec les vases saints ». Ses disciples allèrent à la terre de Walal et ils arrivèrent à cette ville en frappant du tambourin et en soufflant dans la corne. Et ce Dask perfide, ayant vu cela, s'épouvanta et trembla, et il fit la guerre mais il ne prévalut pas. *Mār* Samuel le vainquit en lutte dure, et ce Dask perfide cria d'une voix forte disant : « Malheur à moi ! Malheureux que je suis. Dès maintenant il ne nous reste pas un homme dans la ville ». Il ébranla cet arbre *dā'ero*, il fut extrait jusqu'aux racines, il se jeta et tomba dans le précipice, et il laissa l'espace d'un cheval. Notre père Samuel amena * l'eau du fleuve * p. 38 là où l'arbre *dāʿero* fut déraciné et il en fit le baptistère. Là-bas il baptisa beaucoup d'hommes en disant : « Au nom du Père et du Fils et du Saint-Esprit, un seul Dieu ». Il souffla trois fois et il les rendit chrétiens ; il leur donna à chacun leur nom. Ils devinrent des fidèles et ils servirent le Seigneur pendant tous les jours de leur vie. Le baptistère qu'il fit creuser existe encore maintenant. La force de la prière de notre père Samuel, qui peut tout, détruisit leurs temples. Et nous, qu'il nous rachète par son aide de la mort de la perdition, nous tous, les enfants du couvent. Pour les siècles des siècles. Amen.

CHAPITRE XVIII

On dit encore à notre père Samuel qu'il y avait des temples des idoles dans lesquels devinaient les gens du pays qui s'appelle terre de Zem. Comme dit Paul, langue balsamique : « Tenez-vous donc debout en ceignant vos reins de la justice, en chaussant la force de l'Évangile qui est dans la paix et dans toutes les armes de la foi, grâce auxquels vous pourrez éteindre toutes les flèches échauffées du Mauvais. Recevez le casque de votre salut et le glaive du Saint-Esprit, c'est-à-dire la parole du Seigneur » [1]. Pour accomplir cette image il passa, ayant pris le glaive de la divinité et ayant ceint ses reins de la corde du Saint-Esprit, notre père Samuel, et il vint là et il les trouva qui faisaient l'assemblée, les gens de cette ville de Zem, et Delbat et Denʿe et Qwastā, avec le chef d'Endagabṭon qui s'appelait Ḫarbatgan. Il y avait là beaucoup d'arbres et l'un d'eux était le plus grand. Selon la condition des femmes, chaque mois en coulait le sang et un grand serpent était là qui absorbait les âmes des hommes [2]. Et les gens de cette ville dirent, les uns aux autres : « Venez, offrons le cadeau à l'arbre » selon leur habitude honteuse. Ils demeuraient en offrant, pour le sacrifice, les bœufs pendant beaucoup d'années, comme * dit * p. 39

[1] *Eph* 6,*14-17*. — [2] Chez les Couchites il y a des arbres et des animaux, dont le serpent, préférés par les divinités païennes pour l'incarnation ; cf. E. Cerulli, *Note sul movimento musulmano nella Somalia* dans *Rivista degli Studi Orientali* 10 (1923-25), pp. 3-5 ; *Note su alcune popolazioni Sidāmā dell'Abissinia meridionale*, 12 (1929-30), p. 8.

David : « Ils sacrifièrent à l'idole sculptée de Canaan et la terre fut détruite par le sang, et la terre fut souillée de leur conduite. Ils forniquèrent avec leurs idoles »[1]. Et encore : « Ils ont la bouche et ils ne parlent pas, ils ont l'œil et ils ne voient pas, ils ont l'oreille et ils n'entendent pas, ils ont l'œil et ils ne voient pas, ils ont l'oreille et ils n'entendent pas, ils ont le nez et ils ne sentent pas, ils ont les mains et ils ne touchent pas, ils ont les pieds et ils ne marchent pas. Ils ne parlent pas avec leur gosier et il n'y a pas d'esprit dans leur bouche. Qu'ils soient comme eux tous qui les firent et tous ceux qui ont confiance en eux »[2]. Notre père Samuel se leva, lui, le maître parfait de la loi pour les nations, dont la stature était aimable et la face majesteuse, et la barbe longue, et le nom doux ; il leva la hache pour couper l'arbre, il signa sa face du signe de la croix et il coupa trois fois au nom de la Trinité et il démolit cet arbre comme Jean de Doylam[3]. Un grand dragon maudit sortit de cet arbre, le serviteur du Diable, le corrupteur des âmes et le séducteur des peuples. Notre père Samuel, vraiment revêtu de la foi, fit un signe de la croix et le poison de ce dragon devint inefficace et sa force s'affaiblit, sa puissance fut anéantie. Notre père Samuel répéta trois fois et il dit aux réunis : « Que ce serpent séducteur ne vous échappe pas ! » Ils accoururent tous, ensemble ; les uns prirent des lances, les autres prirent des pierres et des bâtons. Et ce serpent séducteur mourut, et il avait 81 coudées, lui qui perdait les âmes. (Et ce fut) par la force de la prière de notre père Samuel, l'ascète qui va plus vite que les flèches d'arc. Il ordonna à ses disciples d'apporter le *tābot* et l'huile sainte et les vases saints de l'église. Puis il leur ordonna de faire une digue dans la rivière pour les baptiser. Et il les baptisa au nom du Père et du Fils et du Saint-Esprit et il leur donna la religion chrétienne et il leur donna la sainte communion. Il fit un baldaquin, et il fonda là l'église au nom de Notre-Dame Marie. Et l'arbre *dāʿero*
* p. 40 fut (utilisé) pour construire l'église, * aux bases de ses colonnes, à ses fenêtres, à ses colonnes, à ses portes et à tout son arrangement jusqu'au finissage. Et toutes ses œuvres furent achevées dans la joie et l'allégresse. Et nous, son troupeau, qu'il nous garde par la force de sa prière, nous tous, les enfants du couvent. Pour les siècles des siècles. Amen.

[1] *Ps* 106,*38-39*. — [2] *Ps* 115,*5-8*. — [3] Cf. E. A. WALLIS BUDGE, *The Book of the Saints of the Ethiopian Church*, Cambridge 1928, p. 170.

CHAPITRE XIX

Notre père Samuel entendit qu'il y avait un homme dans cette ville qui s'appelait Ganzar. Il y avait là l'arbre de *dā'ero* et les gens de cette ville y devinaient [1]. Et le nom de leur ville était Gomor et elle était la demeure de l'esprit de Satan qui pêcha les âmes de tous les hommes, qui (les) fit prisonniers et les guida sur la route de El'ur [2] jusqu'à ce qu'elles viennent aux supplices de l'enfer. Ayant entendu cela, notre père Samuel vénérable, sur le corps duquel reposait l'espoir du Seigneur, comme dit David dans un psaume : « qui demeure dans l'aide du Très Haut » [3], envoya à Samra Krestos, chef de la ville qui s'appelle Qāsa Bā'es en disant : « Venez, assemblez les gens de la ville, rencontrons-nous sans lutte ! » Et notre père Samuel rencontra Samra Krestos, qui lui dit qu'il y a l'arbre de la perfidie qui perd les âmes des hommes et des femmes et qu'il est la demeure de l'esprit de Satan. Ils allèrent ensemble, suivis par la foule, et ils arrivèrent à cet arbre de *dā'ero* pendant que l'esprit de l'aide les suivait. Quand ils s'approchèrent de lui, l'arbre étendit ses branches et alors la foule réunie s'enfuit à cause de l'épouvante et de la crainte, et notre père Samuel resta seul avec Samra Krestos et avec un Qwalastigwa dont le nom était Marqoryos, le grand-père de Zakāryās. Notre père signa sa face en disant : « Au nom du Père et du Fils et du Saint-Esprit, un seul Dieu » et il prit la hache. Notre père sortit, ayant ceint * ses reins avec la force * p. 41
et la puissance et avec le vêtement du Saint-Esprit. Il coupa trois fois au nom du Saint Trisunique et tout de suite l'esprit de Satan, semblable au singe, fut perdu et il devint comme la fumée et il se dispersa comme le brouillard qui est agité par le vent. La foule qui avait fui revint et ils virent ce grand miracle. Ils prirent les haches et les cognées avec lesquelles chacun les coupa alternativement, ayant trouvé la foi de Samuel comme aide. Et quand l'arbre de la perfidie fut tombé, ils eurent une grande joie et allégresse. Il construisit, en joie et allégresse, un grand couvent au nom de la Sainte Croix. Il institua les rites, il détruisit les temples des idoles, il leur enseignait la foi. Et à nous, un vieillard qui survécut de sa fondation, étant de-

[1] B : « et il devinait là pour les gens de la ville ». — [2] B : « Elzur ». — [3] *Ps* 91,*1*.

venu le témoin de sa vraie beauté, nous raconta cette chose. Que la force de sa prière soit pour son bien-aimé Ḫayla Sellāsē. Pour les siècles des siècles. Amen.

CHAPITRE XX

Et encore moi, je vous raconterai une belle histoire que fit le Seigneur à notre père Samuel qui tous les jours voyait les choses cachées. Un jour, il vit par le Saint-Esprit une femme puante, dans une ville qui s'appelle terre de Zēb : Ḥaṣanā, la mère des démons et la femme des Dask dont le nom était Taʿayʿagiy parce que les démons disaient d'elle qu'elle était Siwiy [1] et la glorification de toutes les femmes des Dask. Et il y avait dans cette ville une haute montagne et à l'intérieur de cette montagne un lac terrible dont la profondeur ne pouvait pas être sondée et dont les limites étaient étendues. A son bord, elle plaça sa chaise-longue sur laquelle elle était assise. Et les troupes de Lēgēwon, les démons, jouaient devant elle et dansaient devant sa face et nageaient dans le lac. Et les gens de la ville donnaient et apportaient les bœufs et devinaient là en l'appelant « notre reine » et « notre
* p. 42 souveraine ». Et elle leur dit : « Moi, je vous donnerai * la richesse à manger, à boire et à revêtir ». Elle se vantait de ses charmes et de la tromperie de sa parole et de l'art (magique) de sa langue. Ayant vu cela, notre père Samuel sur lequel reposait l'esprit du Seigneur, lui la vit par le Saint-Esprit, vint à elle, ceint de la force de l'aide et de la puissance de Jésus-Christ, le Fils de Dieu. Et quand elle vit l'athlète spirituel, notre père Samuel, elle s'épouvanta et craignit. Elle se leva de sa chaise et son cœur défaillit. Elle entra dans l'abîme du lac et se submergea. *Mār* Samuel lui dit : « Parce que selon ta conduite tu as mérité le lieu le plus bas, descends jusqu'au fond et reçois les tourments et que le flot du feu te brûle ». Il bénit ce lac avec le signe de la croix en disant : « Béni Dieu le Père qui tient le monde entier, notre Dieu, et béni le Fils unique Jésus Christ, notre Seigneur, et béni le Saint-Esprit, le Paraclet qui nous affermit tous ». Et en ce moment (le lac) devint sec et dur par la force du Seigneur. Il fit les tentes et il baptisa les gens de la ville qui s'étaient pollués avec elle, au nom du Père et du Fils et du Saint-Esprit. Il leur enseigna la foi

[1] B : « Siwiwey ».

de la Trinité et il institua le sacrifice de l'eucharistie. Puis il célébra la messe et il ordonna là les prêtres et les diacres et (il institua) toutes les lois et la foi parfaite. Il vit là le siège sur lequel elle était assise, notre père le bénit et le sanctifia et il en fit le pupitre des livres. Ce notre père Samuel fut proclamé bienheureux par tous ceux qui virent et entendirent, il vainquit les démons et les Dask. Que la force de sa prière soit puissance pour son bien-aimé Ḫayla Sellāsē. Pour les siècles des siècles. Amen.

* CHAPITRE XXI

* p. 43

Notre père Samuel allait à toutes les régions des contrées du pays d'Endagabṭon (pour connaître) s'il y avait, quelque part, des devins et les devineresses. Il rencontra un homme, préfet de la ville qui habitait dans la terre de Ṭiqo et s'appelait Enarāmo. Il suppliait notre père Samuel, avec un grand désir, de passer la nuit dans sa maison. *Mār* Samuel dit : « Oui ». Le préfet de la ville Saftaganu l'hébergea dans l'autre maison, l'habitation des hôtes. A minuit notre père Samuel vit comme si la colonne, fixée dans l'écurie, atteignait jusqu'au ciel. Il (en) demanda au Seigneur (l'explication) en disant : « Explique-moi cela, ô Seigneur ». Et alors lui apparut l'archange Michel qui lui dit : « O athlète beau et bon, enlève cette porte qui ferme l'entrée, parce que je suis celui qui t'aiderai dans la lutte, et moi je serai avec toi au jour où tu invoqueras le nom du Seigneur, mon Dieu. Je suis gardien de ton âme et je veux faire de cette porte les tableaux de la loi et du commandement comme c'est écrit : parce que c'est beau, et éminent et agréable ». Ayant dit cela il s'éloigna de lui et monta au ciel. Le matin il alla à la maison de Safātgēḫo et il demanda qu'on lui donne cette porte qui est dans l'écurie afin qu'elle fût la porte de l'église. Il lui donna cette porte avec joie et notre père Samuel alla avec joie et allégresse en faisant porter cette porte. Il en fit faire sept petites tables, un *tābot* de Dieu le Père, de Wasan; le *tābot* de Notre-Dame Marie, de Ḍaʿad; de Quatre Animaux, de Yobār; de Saint Michel, de Enamuqāl et de Wilḫat; et de la Croix du * Christ, de Gazar; le *tābot* de Notre-Da- * p. 44 meMarie, de Galam. Tout cela sanctifia *abbā* Fiqṭor, le métropolite d'Ethiopie au temps de notre roi le Nouveau David. Notre père Samuel se réjouit de ce qu'il avait trouvé ce profit de son âme et de son corps.

Et ces *tābot* existent jusqu'à maintenant. Que sa prière et son intercession soient avec son bien-aimé Ḫayla Sellāsē. Pour les siècles des siècles. Amen.

CHAPITRE XXII

Puis quand notre père Samuel entendit qu'il y avait beaucoup d'infidèles dans une ville, et le nom de leur devineresse était Yedāy Anabasā et le deuxième (nom) — Yabur Ablit et le troisième — Bēta Sam'akiygi, (c'était) la femme de malice qui se vantait de faire les charmes et la perfidie et elle recevait le salaire de ceux qui la servaient, riche ou pauvre, — notre père Samuel, maître de la loi, les extermina par la grande force de sa prière. Et quant à ceux qui survécurent, qui vivaient dans le crime, son frère par la chair et son fils dans la vie monastique, le bienheureux Samra Krestos, l'éminent, perdit leur nom. Notre père Samuel l'ordonna à Degmoñ. On construisit l'église au nom de Notre-Dame Marie, la Sainte Vierge, qui engendra le Sauveur du monde; elle était grande. Et cette belle histoire nous fut racontée par le bienheureux Zakāryās, le vieux qui parvint jusqu'à une belle vieillesse. Et ceux *Bul'el* (?) furent choisis pour la vie monastique. Et Barsumā, un de ses fils, fut institué sur les prêtres et les moines et les diacres. Par leur prière que nous trouvions le bien, nous tous, les enfants du couvent. Pour les siècles de siècles. Amen.

* p. 45

* CHAPITRE XXIII

Un jour, un homme vêtu de blanc était irrité contre notre père Samuel. Quand notre père Samuel le regarda, il tomba dans le limon et son vêtement se salit. Une grande crainte régnait à cause de la grandeur des miracles de notre père Samuel qui voyait les choses cachées et connaissait ce qui était et qui sera comme chose ouverte, et par la force de la croix il était prêtre fidèle. Il dit : « Le pécheur ou le juste, mon Dieu ne me (les) cacha pas, mais je crains afin que cela ne soit pas ma vanité ».

Un jour, c'était dimanche, à six heures, notre père Samuel dit : « Un prêtre est mort et s'est endormi. Et l'église est devenue orpheline parce qu'il était bienheureux» — comme dit David : « Bienheureux est l'homme que tu corriges, ô Seigneur, et à qui tu enseignes ta loi » [1]. Il dit encore : « Bienheureux est l'homme dont la confiance est le nom du Seigneur [2] et (bienheureux) ceux qui marchent sur ses routes» [3]. Ce qu'il dit advint à distance lointaine, exactement sept jours de chemin. Et parce que cela était vrai, ceux qui entendirent et qui virent l'admiraient.

Or un fils dont le nom était Tēwodros, souffrait du lieu de sécrétion des excréments et de l'urine [4]. On l'amena à notre père Samuel car les guérisons étaient faites par sa main. Il le bénit, il souffla trois fois, et des pierres sortirent de sa sortie. Il devint comme auparavant et il fut guéri. Il prit ses vêtements et il le vêtit, il fit le signe de la croix sur son cou. Il trouva cette guérison. Et encore, un qui était boiteux à cause d'une brûlure par le feu et qui ne pouvait pas marcher, notre père Samuel le bénit, et il guérit vite et il sauta. Et un frère dit [5] : « Quand [6] notre père Samuel nous ordonna de lui apporter la lampe * au lit et de le transporter au couvent et quand le soir tomba, les (* p. 46) ténèbres vinrent. Et quant à moi, ma fatigue était grave. ⌜Et alors j'ai crié d'une voix forte et gémissante, les ténèbres se sont retirées et on a brillé. Alors j'ai apporté le lit et je suis revenu dans ma maison [7]. Puis il a fait sombre. Nous avons vu [8] et nous avons admiré. Puis on a rassemblé les livres, et les prêtres se sont réunis pour lire les miracles de notre père Samuel. Et le bienheureux Thomas, le diacre, dispensateur de l'eucharistie, prit de l'eau dans une coupe et notre père Samuel s'y lava. Et quand il allait à la descente, la coupe tomba, roula et s'abattit dans le précipice si loin qu'on peut courir. Et le bienheureux Thomas, fidèle, courut et, par la prière de notre père Samuel, cette coupe s'arrêta et l'eau qui s'y trouvait ne s'était pas versée, et la coupe ne s'était pas brisée. Et ceux qui virent et qui entendirent admiraient et s'étonnaient. Cette eau bénite devint médicament pour les malades». Que sa bénédiction soit avec son bien-aimé Ḫayla Sellāsē. Pour les siècles des siècles. Amen.

[1] *Ps* 93,*12*. — [2] *Ps* 40,*5* — [3] *Ps* 119,*1*. — [4] B: « il était malade de telle maladie que les excréments et l'urine venaient sur lui». — [5] Ce récit n'est pas tout à fait clair. — [6] B : « Quand il était malade». — [7] B : « Et quand j'ai crié, j'ai apporté le lit, je suis guéri; les ténèbres se sont retirées, on a brillé et nous sommes revenus à la maison». — [8] B : « Nous n'avons pas vu».

CHAPITRE XXIV

Ensuite le Saint-Esprit montra (une chose) à notre père Samuel, loin, à la distance d'un jour, dans le pays de Danbyā qui s'appelle Qerāsom, à neuf heures. Comme il voulait passer la nuit dans sa maison le Saint-Esprit lui rappela une femme mauvaise qui était tombée dans le péché, dans le commerce sexuel avec un homme, et se
* p. 47 préparait à * recevoir la communion comme s'il n'y eût pas eu de souillure. Notre père Samuel, spirituel, connut cela dans sa pensée, il pleura, il s'attrista et gémit. Puis il prit conseil et il dit à ses enfants : « Levez-vous, allons de ce lieu, allons en hâte parce que j'ai trouvé une chose pénible ». Il se leva et il alla en (toute) hâte. Comme il allait, pressé, il trouva un fleuve plein d'eau jusqu'aux rives. Quand il le bénit avec le signe de la croix, l'eau du fleuve se divisa en deux parts et elle s'arrêta de part et d'autre; comme Moïse fendit la mer pour Israël et le fit passer, de la même manière notre père Samuel divisa l'eau et fit traverser ses enfants dans l'eau et l'humidité de l'eau ne lui nuit ni ne toucha bâton ni gourdin, ni le bord de son vêtement. Et ses enfants qui virent cela admirèrent et s'étonnèrent. Puis il continua sa marche et vint où il voulait et pensait dans son cœur, car vers neuf heures il exorcisa le soleil afin qu'il n'allât pas à l'occident et ne se mût pas d'une part ni de l'autre, afin qu'il ne fît pas nuit; parce que comme Josué, il reçut le salut spirituel et, par la beauté de sa justice, il arrêta le soleil. Quand il eut trouvé les prêtres au temps de la messe avant qu'ils n'achevassent les cantiques, notre père Samuel se réjouit et s'épanouit en disant : « Que le Seigneur soit béni, mon Dieu et mon refuge et mon espoir », comme David prophétisa ainsi; regardant au ciel, au Dieu de la justice il loua et rendit d'humbles actions de grâce. Il dit à ses enfants : « Amenez de l'église la femme mauvaise et conduisez-la ici ». Elle vint à lui et elle s'arrêta devant lui en craignant et en tremblant, parce que sa conduite et sa méchanceté avaient été révélées. Quand notre père Samuel la vit, par le Saint-Esprit, il se mit en grande colère envers elle et il lui dit : « O courtisane,
* p. 48 servante de Satan, tu as fait le péché et * l'iniquité, tu as voulu recevoir le sacrement ardent de grand feu de la divinité ». Elle confessa son péché et elle lui dit : «Oui, *abbā* et mon père. Fais ce que tu veux envres

ma chair pour sauver mon âme du feu et de la perdition». Il ordonna aux prêtres et aux diacres d'apporter les branches d'olive. Et notre père Samuel ayant vu qu'on lui apportait cette olive, (la) reçut de leurs mains et il la réprimanda un peu et il lui remit sa faute, il lui pardonna son iniquité et tous ses péchés. Elle s'étonna en disant : « Est-ce que c'est l'ange qui voit les mystères du ciel ou Dieu qui est apparu sur la terre? Je n'ai pas trouvé tel docteur et tel maître, ni mes pères qui étaient avant moi ne m'ont raconté». Un pieux vieillard a raconté ce miracle. Que dirons-nous et à quoi comparerons notre père Samuel, un tel père spirituel? Que la force de sa prière soit pour nous refuge et ici-bas que nous n'ayons pas de tristesse, et dans l'au-delà que nous ne voyions pas la condamnation; qu'il nous dise : « Je suis votre père, je suis votre consolateur» — à nous tous, les enfants du couvent. Pour les siècles des siècles. Amen.

CHAPITRE XXV

Un jour, pendant que notre père Samuel était dans la cour de notre roi David, un homme, le serviteur du roi, vint à lui pour qu'il passe la nuit auprès de lui. Il lui dressa une tente et notre père reçut (cette hospitalité) sans le mépriser. Il lui envoya, aussitôt qu'il connut son arrivée, du pain pour manger, l'ayant rompu avec les légumes, et de la bière pour boire, comme dit Salomon. On dit son message à notre père Samuel et cet homme se leva et il reçut de sa main la bénédiction * pour qu'il soit béni, sans être méprisé, pour qu'il regarde sa face et * p. 49 qu'il trouve son chemin. Avant qu'il n'entendît sa parole, il l'honora d'abord, comme on dit dans l'Évangile : « Donnez et on vous donnera, frappez et on vous ouvrira, cherchez et vous trouverez» [1]. Et cet homme envoya à notre père Samuel deux fois et dix fois et sans qu'ils se rencontrent il commença à proclamer bienheureux notre père Samuel parce que les justes sans s'être vus et sans s'être connus font ainsi chacun à l'autre. Et quand son cœur eut été brûlé par le feu de l'amour de bien-aimé notre père Samuel, il resta très volontiers dans son habitation. Ensuite, le lendemain, en allant à notre père Samuel il s'arrêta à l'entrée et il dit à ses enfants : « Dites à votre père que je puisse le saluer». Quand ils eurent dit à notre père Samuel, il ordonna

[1] *Mt* 7,7.

de l'introduire. Étant entré il s'arrêta devant lui et il fut béni par lui et il baisa ses pieds et il admira et s'étonna à cause de sa majesté. Puis quand il voulut s'en aller, il lui dit : « Je me recommande à ta prière, ô *abbā*, pour que je sois sauvé et libéré de la tristesse qui est en moi ». Notre père Samuel lui dit : « Que la miséricorde du Seigneur, notre Dieu, ne t'oublie pas, par la prière et par la demande de Notre-Dame, la Sainte Vierge Marie, la glorification de nous tous ». Puis finit sa tristesse par la prière de notre père Samuel. En ce temps il dit au roi : « Je suis venu à un prêtre et je lui ai dit avec désir : je me mets sous ta prière sainte pour que je sois soutenu contre la tristesse et libéré de la trépidation ». Ayant dit cela, il dit exactement au roi comment il alla, ayant reçu la bénédiction. Et le roi ayant entendu admira le miracle quand il (le) reconnut, et il réunit les prêtres du camp et leurs compagnons ensemble et, devenu le témoin de sa justice, lui-même il dit : « Nous avons vu une chose étonnante comme dit
* p. 50 Jacques l'Apôtre : 'la prière du juste * vaut beaucoup et est forte' [1], ainsi la prière de Samuel est forte en action; celui qui se met sous sa protection ne sera pas confondu ». Et l'ayant proclamé bienheureux, le roi augmenta son amour pour notre père Samuel. Que la force de sa prière vienne à nous toujours et qu'elle soit pour nous l'enceinte, pour nous tous, les enfants du couvent. Pour les siècles des siècles. Amen.

CHAPITRE XXVI

Et encore, notre père fut justement appelé Samuel parce que Samuel, le fils d'Elqana, grandissait dans la maison du Seigneur; de même il grandissait avec son père, le saint Takla Hāymānot. Il lui fut donné la grâce comme à David et la sainteté comme à Jéremie, sa stature était grande et sur sa poitrine il avait une large barbe, sa bouche était éloquente, ses lèvres étaient joyeuses, sa parole douce, sa face bénie, la lumière de la grâce reposait sur lui et ce tout bien disposé; son âme et son corps étaient assaisonnés avec le sel de la divinité. Chacun qui le vit l'admira : le soldat dans le camp, le passant sur la route, le laboureur sur le champ, ceux qui étaient à la cour royale et les gens de la campagne — ils le proclamaient bienheureux.

[1] *Jc 5,16.*

Et au jour d'une fête solennelle il entrait à la maison du Seigneur et quand il faisait les fonctions sacerdotales, debout durant les rites saints comme la colonne fixée, en louant et en célébrant comme les anges, avec une haute voix, un chant merveilleux et doux, ses larmes * coulaient comme la source d'eau qui jaillit. Oh ! qui le vit en ce temps ! * p. 51 Mais c'était mieux de ne pas voir, que de le voir et le perdre, parce qu'il ravissait les cœurs. Et quand on l'écoutait, cela ébranlait la pensée et écrasait les os à cause de sa très grande douceur. Et maintenant qu'est-ce que je dirai et comment parlerai-je au sujet de la bonté de la vie de notre père Samuel, comme dit David dans un psaume : « Qui racontera les grandes œuvres du Seigneur et qui fera entendre toute sa gloire [1] ? » Les témoins en furent les préposés, les métropolites et les évêques, les prêtres, les diacres et les moines, les rois et les princes, les hommes et les femmes ; ils ont raconté les vertus de la vie de notre père Samuel. Sa bonté a été annoncée par le métropolite d'Éthiopie *abbā* Fiqṭor et *abbā* Yoḥannes et *abbā* Yā'qob ; ils discutèrent : il lui faudrait la dignité de métropolite, s'il était de notre pays. Et le roi d'Éthiopie David l'aimait plus que tous.

Un jour, le roi David partit à la guerre pour lutter contre les infidèles. Quand ce roi retournait, quand il était sur la route, beaucoup de saints avec notre bienheureux père Samuel vinrent pour le rencontrer. Ce roi les aperçut de loin et il dit à ses soldats : « Qui sont ceux-ci qui viennent, que nous voyons ? » Les serviteurs du roi lui dirent : « Nous ne les connaissons pas, ô roi ». Alors, étant sur son cheval, le roi dit à ses serviteurs : « Celui d'entre eux que nous voyons, dont le vêtement est rouge comme la fleur, c'est Samuel ». Et il envoya un de ses serviteurs pour qu'il (le) connût avec certitude. Cet envoyé vint aux saints maîtres en courant et il connut avec certitude que c'était Samuel, comme l'avait dit le roi. Cet envoyé retourna au roi en hâte et il lui dit que c'était Samuel, revêtu de rouge (comme) * la fleur * p. 52 et de peau de chèvre. Et les maîtres saints se rencontrèrent avec le roi et ils se prosternèrent devant lui en le saluant et ils lui dirent : « Que le Seigneur soit béni qui t'a fait retourner en santé et dans la paix ». Le roi leur dit : « C'est le Seigneur tout-puissant qui m'a fait venir et retourner à vous, à cette heure, en santé et dans la paix ». Et les saints lui dirent d'une voix unanime : « Que le Seigneur soit béni, Dieu d'Israël, qui t'a donné la force et la puissance de la lutte

[1] *Ps* 106,2.

et la victoire». Le roi David se réjouit de l'arrivée des saints et il leur dit : « Donnez-moi la bénédiction ». Les saints discutèrent entre eux : « Toi, bénis » et « Toi, bénis ». Le roi dit : « O *abbā* Samuel, bénis-moi ». Et notre père Samuel le bénit et après lui il bénit tous les princes, les chefs et les troupes. Et après qu'il (les) eut bénis tous, le roi leur dit : « Retournez à votre maison jusqu'au jour où je vous appellerai ». Les saints allèrent à leur maison, dans la joie et la paix. Et en effet l'amour de Samuel ne quitta pas le roi d'Éthiopie David et il dit aux prêtres du camp et à leur préposé dont le nom était Marqorēwos [1] : « Qui de notre pays est semblable à notre père Samuel, dans la bonté de sa vie ascétique et dans la beauté de sa justice ? » Ils lui dirent : « Nous ne savons pas ». Le roi dit : « *Abbā* Samuel est le meilleur dans la bonté de (tous) ceux que j'ai vus de mes yeux et que j'ai entendus de mes oreilles ». Et encore le roi dit à sa sœur Walata Ṣeyon : « *Abbā* Samuel est comme les apôtres ; à vous ce semble être une petite chose, mais moi, je désirerais aller au désert à la vie monastique ». Et de cette manière notre père Samuel était loué par la bouche de tous. Que la force de sa prière nous garde. Amen.

Puis notre père Samuel dit en racontant l'histoire de la lutte à ses saints camarades : « J'ai détruit les temples des sorciers, qui étaient
* p. 53 appelés Dask, dans leurs grottes et j'ai spolié leurs biens ; * ils levèrent leurs tourments contre moi et leur malice, et par le nom du Seigneur je les ai vaincus. Le Seigneur qui fait les grandes œuvres, qui est loué dans ses saints, qui est célébré par les vieillards, à lui gloire et à lui louange ! Admirable le Seigneur qui donne la richesse aux pauvres et la force aux faibles et la rémunération de la lutte aux saints et aux justes». Et moi, je dis : notre père Samuel bienheureux qui allait dans les voies du Seigneur puissant, ressembla aux apôtres dans la proclamation de l'Évangile et dans l'enseignement, et dans l'action de baptiser les peuples pour les convertir du culte des idoles à la foi en la Trinité, de l'ignorance à la connaissance vraie. Et encore il ressembla aux martyrs parce qu'il était prêt à mourir quand il entra pour lutter avec les perfides. Et encore il ressembla aux justes par le jeûne et par la prière, par la demande et la supplication et la pénitence. Il ressembla aux prêtres par la rémission des péchés et des iniquités. Et encore il ressembla aux anges par la chasteté et par la virginité. A quoi le

[1] Allusion aux prêtres du camp royal qui avaient une grande influence dans l'église éthiopienne.

comparerons-nous ? A l'or qui est purifié au feu ou à l'argent qui est éprouvé par le soufflet de forge, parce que notre père Samuel était éprouvé par la pauvreté et par la misère, par la faim et par la soif, par le froid et par la nudité, comme dit Sirach le sage parce que la pauvreté et la misère sont les richesses du Seigneur. Que le Seigneur soit béni qui nous fit germer Samuel, la plante de la vie, qui est notre espérance et notre gloire. Il devint pour nous le guide vers le Christ, notre Dieu qui nous créa et nous forma. A lui gloire et reconnaissance et souveraineté jusqu'aux siècles des siècles. Amen.

CHAPITRE XXVII

Puis les gens lui dirent qu'ils avaient vu et entendu le Dask perfide qui recevait les impôts du peuple, prenait * les bœufs qui lui étaient * p. 54 offerts par des sacrifices idololâtres. Ayant entendu cela notre père Samuel s'étonna et fut stupéfié, il leva la main de sa pensée vers le Seigneur son Dieu et leva les yeux vers le ciel et dit : « J'ai levé mes yeux vers les montagnes d'où viendrait mon aide. Et mon aide (vient) du Seigneur qui fit le ciel et la terre et il ne donnera pas l'agitation à mes pieds »[1]. Puis notre père Samuel alla, ayant pris l'épée de la divinité et ayant ceint la corde du Saint-Esprit. Il arriva au pays de Wandal qui s'appelle Kanto et il trouva les démons pendant qu'ils jouaient et exultaient de joie, pendant qu'ils mangeaient l'offrande et buvaient de la bière et de l'hydromel; il les dispersa là par la force de sa prière forte. Et là-bas il établit l'église au nom de Notre-Dame, la Sainte Vierge Marie et il appela cette ville Awda Kantu, et après il l'appela Bēta Māryām. Ensuite il baptisa les gens de cette ville et il leur distribua la sainte communion, et il leur enseigna la foi et la religion de la Trinité. Il fortifia leurs cœurs, il apaisa leur colère, leur intelligence, il (la) remplit de l'esprit de l'intelligence. Il réunit les moines et les religieuses et il établit là-bas les prêtres et les diacres; et notre père Yoḥannes, son fils, il le préposa comme le maître de la loi; il en était digne à cause de sa justice, (il était) sincère, et sur lui était l'Esprit; il les nourrit de la foi. Que la force de sa prière soit force pour nous, ses enfants; qu'il nous donne du trésor de sa richesse et sa bénédiction plénière, et que notre père reçoive le don pour (sa)

[1] *Ps* 121,*1-3*.

justice comme il fut déclaré bienheureux ; de l'héritage de sa maison ne sortons pas, nous tous, les enfants du couvent. Pour les siècles des siècles. Amen.

Ayant passé de là notre père Samuel vint au pays de Zebez qui s'appelle Zagwanč et il trouva là le lac terrible et plein jusqu'à * son bord. On le vénérait et on y devinait. On apportait les bœufs et les veaux, on lui faisait les offrandes de nourriture assaisonnée, savoureuse et il mangeait avec eux. Puis ce Dask leur apparaissait en agitant les cheveux de sa tête et il faisait les charmes. Ils crurent à ses œuvres magiques. Ayant entendu cela notre père Samuel fut ivre du Saint-Esprit et prit l'épée du Saint-Esprit, en chantant : « Au nom de Jésus-Christ et par la chasteté de la virginité de Notre-Dame Marie, la
* p. 55 la glorification des enfants d'Adam et des fils d'Ève ! » Ayant dit cela il détruisit les temples des idoles et il ruina leurs autels et leurs maisons. Et le peuple, il le convertit à la foi de la Sainte Trinité. Il leur fonda un grand couvent et au nom de Sainte Marie il construisit l'église. Il baptisa tous les gens du pays et il leur restaura et institua les prêtres et les diacres. Il leur offrit le sacrifice du corps et du sang de l'unique Fils de Dieu. Il les fortifia dans la foi juste. Puis le Dask perfide, séducteur du peuple et destructeur des âmes retourna au lieu d'où l'avait chassé notre père Samuel, prédicateur de la naissance du Verbe de Dieu, de Marie, la sainte Vierge. Et l'ennemi du bien lui dit : « Or je te comparerai à l'ennemi de la terre qui reste avec toi dans cette eau du lac et je te (le) donnerai si tu me crois et te prosternes devant moi et baises mes mains et mes pieds ». Et le chef de la ville lui dit : « Auparavant, par ignorance, je me suis prosterné devant toi et je t'ai cru ; mais dès maintenant au nom de la Trinité j'ai cru et me suis appuyé, en la naissance de Jésus-Christ j'ai mis ma confiance, j'ai mangé le corps du Christ et j'ai bu son sang ; à Notre-Dame Marie je me suis appuyé, sous la protection de la prière de notre père Samuel je me suis mis, et contre toi je me suis révolté et je t'ai repoussé,
* p. 56 et la prière de Samuel me sauvera * de ta main». Et alors ce Daskperf ide s'enfuit. Il versa de l'eau du lac dans l'outre et serra avec sa poignée et son sein, et il sécha le lac, et il ne laissa rien de l'outre, ni une goutte sur la terre, et ce ruisseau d'eau devint petit. Puis on (le) dit à notre père Samuel, il vit ce ruisseau, il le bénit du signe de la croix et il rendit l'eau bénite au temps de la messe. Notre père Samuel leur dit : « Je vous fortifierai dans la foi orthodoxe, n'ayez ni peur ni crainte, ne

doutez pas parce que celui qui doute est loin du Seigneur. Soyez forts dans la foi du Seigneur et aimez-vous les uns les autres et que la crainte du Seigneur repose sur vous et dans vos cœurs de génération en génération ». Que sa prière et sa bénédiction soient avec nous tous, les enfants du couvent. Pour les siècles des siècles. Amen.

CHAPITRE XXVIII

Quand notre père Samuel était dans le couvent, il vint à la terre de Wagē et il rencontra un Samāloni qui s'appelait Qāla, dont le nom était Badelgaš. Puis notre père lui dit : « Je t'ai trouvé, toi, que j'ai désiré ». Et Badelgaš dit à notre père Samuel : « Il y a des prêtres des idoles dans mon pays qui reçoivent les impôts de ce pays. Est-il possible pour toi, ô *abbā*, de perdre ces Dask perfides ? Et si tu les perds, choisis pour toi (un) des cinq champs de ma terre ». Puis notre père Samuel marcha au pays et il trouva les Dask pendant qu'ils jouaient ; et parmi eux l'un, dont l'aspect de la face était honteux et la stature longue, semblable à l'ombre et à la vision de songe. Et ces Dask luttèrent avec notre père Samuel * et il leur sembla qu'ils le vaincraient avec l'épée, * p. 57
et la lance, et l'arc et le bouclier. Et il aspergea d'eau bénite et toute la foule tomba sur la terre à *enawesṭ* [1]. Le peuple s'étonna de ce qu'ils furent vaincus et qu'il perdit les temples des idoles des Dask et à *enawesṭ* qu'il perdit le perfide et le Mastēmā, le séducteur. La longueur de *enawesṭ* était de 95 coudées d'homme, où tomba ce perfide Dask, le séducteur des peuples et le destructeur des âmes, par la force de la prière de notre père spirituel Samuel. Puis notre père Samuel arriva à Dafasān et il vit les champs avec l'œil de son esprit et il voulut y construire le couvent. Puis il (le) fonda là-bas et construisit au nom de Saint Georges, le martyr du Sauveur, qui monte le cheval spirituel, pressé pour (nous) aider tous. Que la force de son aide nous sauve des flèches de Satan et de l'astuce du démon, nous tous, les enfants du couvent. Pour les siècles des siècles. Amen.

Et notre père Samuel protégeait les couvents, établissait les prêtres et les diacres, réunissait les moines et les religieuses, les fidèles — hommes et femmes. Notre père Samuel restait en se dévouant au Seigneur jour et nuit, en persévérant dans le jeûne et la prière, l'adoration et

[1] Je ne trouve pas ce mot dans les dictionnaires.

la supplication, en tenant les prédications comme les apôtres ; il enseigna à ceux qui devinaient, aux devineresses, il guérissait les malades, il faisait sortir les démons, il écartait les esprits, il donnait les aumônes, il aimait le pauvre et le miséreux, la veuve et l'orphelin, les veuves et les indigents. Il devint le maître et le docteur ; le maître, c'est-à-dire notre père Samuel était maître de Wagag, (maître) de la foi par la parole de l'instruction et guide de la route juste ; notre père Samuel
* p. 58 était le maître vrai de la loi comme * Pierre et Paul, le précepteur des stupides et guide des prisonniers que Satan prit comme prisonniers ; notre père Samuel le maître de la loi comme Paul, l'arbre d'olive odorante et langue balsamique, le maître des rois et des princes qui leur enseignait les paroles de l'Évangile du Royaume. Et quant à nous, qu'il nous délivre du filet de Satan, notre père Samuel, maître de la loi pour les prêtres et les diacres ; comme *abbā* Salāmā pour l'Éthiopie qui était lampe ouvrant le cœur des trésors ainsi il était pour les fidèles, pour les vieillards et les enfants ; notre père Samuel, le maître de la loi et de la simplicité comme notre père Takla Hāymānot, pour les hommes et les femmes, pour les veuves et les orphelins ; notre père Samuel, le maître de la loi et de l'intelligence qui enseignait aux prêtres la chasteté, la sainteté et la bonté dans l'humilité ; notre père Samuel qui enseignait aux peuples pour qu'ils ne vénèrent pas d'autre Dieu et ne transgressent pas le sabbat, pour qu'ils gardent la foi et fassent les bonnes œuvres ; notre père Samuel qui enseignait aux moines la doctrine parfaite, le jeûne et la prière. Pour les siècles des siècles.

Quand notre Père Samuel connut par le Saint-Esprit qu'il sortirait de ce monde passager, il réunit ses enfants, chacun des moines, et il leur dit : « Gardez ma loi et mes commandements que je vous ai ordonnés et écoutez avec l'oreille de l'esprit et de la pensée juste. Aimez-vous les uns les autres et restez prêts comme dit l'Apôtre : 'Restez prêts toujours' [1]. Et avant tout, mes frères, aimez-vous par l'amour réciproque. Notre Seigneur dit : 'Soyez et restez dans mon amour, que je vous ordonne pour que vous vous aimiez les uns les autres' [2]. Rien n'est meilleur que cet amour. Ô mes enfants, gardez-vous de l'amour des richesses qui vous entraînent dans la perdition ; le jour il vous fera veiller, et la nuit il ne vous fera pas dormir à cause de cette pensée parce que notre Seigneur Jésus dit : 'Il est plus facile à un chameau de passer par un trou d'aiguille, qu'à un riche d'entrer dans le royaume

[1] *1 P* 3,*15*. — [2] *Jn* 15,*9.12*.

du ciel' [1]». * Et encore il ordonna en disant : « N'aimez ni or, ni argent, * p. 59 ni vêtements précieux, ni besace pour la route, ni souliers sur vos pieds. Et David dit : 'C'est meilleur (d'avoir) un peu juste que les grandes richesses des pécheurs' [2]. Et Paul, langue balsamique, dit : 'Ceux qui veulent être riches tombent dans le filet' [3]. Et encore Jean Chrysostome dit : 'Le *sheol* ne se rassasie pas avec les âmes et le riche ne se rassasie pas avec les richesses'. Parce que moi, votre père, je suis pauvre et miséreux, ne regardez pas les vêtements en soie de couleur ni (comment) monter sur un cheval; mais vous, suivez mes traces et gardez mes commandements, et choisissez la pauvreté et la misère pour vous, parce que par cela vous entrerez dans le royaume des cieux. Ô mes enfants, gardez-vous de l'amour de la nourriture et de la boisson parce que par la nourriture et la boisson votre corps deviendra gros et (sera) la perdition pour vos âmes. Et les autres disent : pour la nourriture et la boisson le Seigneur ne punira pas; ils disent, sur cette chose, le mensonge, comme dit l'Écriture : les oiseaux du ciel sont pris par la nourriture et la boisson et vous aussi, vous serez pris par la nourriture et la boisson; prenez garde, ne soyez pas induits en erreur, ne tombez pas dans le danger, ô mes enfants, parce que la nourriture et la boisson conduisent à la perdition. Ô mes enfants, gardez-vous de l'outrage du prochain comme dit Jacques l'Apôtre : 'qui calomnie son prochain en secret, calomnie la loi du Seigneur et insulte sa loi' [4]. Regardez sur les montagnes, l'olivier sauvage du champ comment le *tertār* [5] le mange et le jette sur la terre et le rend nu et, tombé, il devient cendre. Ô mes enfants et mes bien-aimés, gardez-vous de dire des paroles et des témoignages faux, comme le rendirent deux vieillards contre Susanne et comme il sauva Susanne de leur main; et notre Seigneur Jésus, ils le calomnièrent et le crucifièrent et le tuèrent et le conduisirent jusqu'à la mort. Et Jean qui vit les choses cachées dit : 'ceux qui font les œuvres de mensonge ils sortiront au dehors' [6]. Et David le prophète * du Saint-Esprit : 'Parce que des témoins impies se levèrent contre * p. 60 moi [7], et le mensonge est le commencement de l'injustice parce que l'homme sera jugé pour le mensonge et l'injustice ».

Puis notre père Samuel leur dit : « Soyez loin de l'amour des femmes et éloignez votre corps et votre pensée; et je ne le dis pas seulement aux moines, mais j'exhorte le peuple pour qu'ils ne commettent pas

[1] *Mt* 19,*24*. — [2] *Ps* 37,*16*. — [3] *1 Tim* 6,*9*. — [4] *Jc* 4,*11*. — [5] Je ne trouve pas ce mot dans les dictionnaires. — [6] Cf. *Ap* 22,*15*. — [7] *Ps* 27,*12*.

la fornication et s'éloignent de la malice de la femme, parce que à cause de la femme Adam fut chassé du jardin de la joie. A cause de la femme Abel fut tué de la main de Caïn. Et les anges tombèrent du ciel par la séduction des femmes quand ils calomnièrent notre père Adam en disant : Pourquoi Adam pécha-t-il contre le Seigneur son Dieu ? Est-ce qu'il ne lui fit pas le soleil et la lune, l'hiver et l'été et ne créa-t-il pas tout pour lui ? Pourquoi donc pécha-t-il ?' Et ils envièrent l'amour d'Adam. Il leur dit : 'Pourquoi calomniez-vous Adam, l'œuvre de mes mains, que j'ai créé de quatre élements, et vous — de l'air et du feu. Et à lui, je lui ai donné cinq élements mauvais et à vous — je vous ai donné l'élément de la pensée. Pourquoi donc calomniez-vous Adam, mon bien-aimé ?' Ils lui dirent : 'Si tu nous donnais l'honneur comme à lui, nous ne pécherions plus contre toi.' A cause de cela il les revêtit du corps. Ils firent la convoitise de l'adolescence : de l'instant où ils virent les filles de Caïn resplendissantes comme la fleur, ils entrèrent en elles et eurent commerce selon la nature de la convoitise et ils engendrèrent les géants ; ils se multiplièrent sur la terre et ils la corrompirent. Et Dieu ordonna à Noé de faire l'arche et d'y introduire sept paires de chaque sorte (d'animaux) qui peuvent être mangés et deux paires de chaque sorte de ceux qui ne peuvent être mangés. Noé entra avec ses enfants et les femmes de ses enfants et ils furent sauvés — huit âmes, le petit nombre — de l'eau du déluge,
* p. 61 et il effaça la terre. Et la force du Samson s'affaiblit * quand on rasa sa tête par le conseil de la femme ; ayant pris une mâchoire d'âne il tua mille hommes, et par le conseil de la femme les Philistins se saisirent de lui et ils lui crevèrent les yeux. Samson dit aux Philistins : 'Or, je vous raconterai un peu du bon conseil que j'ai'. Ils revinrent à lui, deux à deux, il se leva et s'arrêta parmi eux, il prit la colonne de la maison et il dit : ' Que mon âme sorte avec les Philistins !' [1] Il mourut et les Philistins moururent. Et David, pour lequel témoigna le Seigneur en disant : 'J'ai trouvé David selon mon cœur qui fait ma volonté, qui est mon serviteur et mon fidèle' [2], fut induit en erreur par la femme d'Urie. Salomon qui apprit la sagesse et (en) fut plein comme le Nil d'eau, dit : 'La route du milan au ciel, le vestige du navire sur la mer, la voie du serpent sur la pierre je ne (les) ai pas connus, mais, avant tout, la malice de la femme.' [3] Élie qui retint la pluie, qui refréna le ciel pour qu'il ne plût pas trois ans et six mois, par la parole de sa

[1] *Jg* 16,*30*. — [2] *Ac* 13,*22*. — [3] *Pr* 30,*19*.

bouche, qui brûla cent impies dans le feu, le conseil d'une femme le fit fuir. Jean le Baptiste, béni comme la lune et comme l'étoile du matin qui préparait la route pour le soleil de la justice, par le conseil de Qamṭerā eut le cou tranché ». En appelant l'attention sur tout cela et choses semblables notre père Samuel dit : « Soyez loin de la malice de la femme comme dit notre Seigneur dans l'Évangile : 'Celui qui regarde la femme et la désire, a déjà commis l'adultère avec elle dans son cœur' [1]. Et saint Jean, Chrysostome et Commentateur, dit : 'Les hypocrites ne se rassasient pas de la vue de sa beauté brillante et surtout non par la vue, mais par le songe et par l'ébranlement qui existe dans les femmes ils seront jugés avec les adultères'. Et ceux-ci qui étaient forts comme lui dirent : 'Ceux-ci qui vivent avec les femmes, leur récompense est grande et celui qui fuit — sa rémunération sera petite'. Si tu dis : 'Qui restait dans * le même lieu (avec les femmes) ?', * p. 62
je t'en prie, invoque *abbā* Paul et *abbā* Antoine et *abbā* Macaire. Et tous les ermites, les moines, qu'est-ce qui les retint de demeurer dans le même lieu avec les femmes pour que leur rémunération soit plus grande ? »

Cherche l'occasion, toi, et va comme notre père Samuel t'ordonna, fuis de la malice de femme, parce que les pères antiques ont fui. Notre père Adam fuit au désert de la malice de la femme et de sa séduction, et par le poison de sa malice le serpent le domina. Et encore il le fit revenir au paradis, lui qui est Dieu de la miséricorde. Abel fut tué dans sa sincérité et Caïn fut perdu par son envie. Abel fuit et les patriarches fuirent, Seth et Enosh, Qénân et Malalel, Jared et Matusalem, Lamek et Noé, le commerce sexuel avec des filles de Caïn. Et les anges qui eurent commerce avec elles furent perdus ; et les anges qui ne péchèrent pas fuirent. Et ceux qui étaient de Samyāzā et d'Azāzel furent perdus, et ceux qui péchèrent avec eux. Joseph fuit la malice de la femme et il échappa au poison de son arc pernicieux et il se sauva (du péril) d'être tué par le pharaon. David commit une faute par le conseil de la femme, et Urie fut tué par l'envie de la femme. Salomon commit une faute à cause de filles de femmes : qu'est-ce que cela lui donna de profit et qu'est-ce qu'il gagna ? Élie fuit la malice de la femme, il entra au désert et Achab fut perdu. Jean le Baptiste fuit et Hérode fut perdu avec Hérodiade et Aṭmerārā sa fille. Pierre fuit la malice de la femme ; la fille dont la stature basse avait environ deux coudées le

[1] *Mt 5,28.*

fit renier et après qu'elle l'eut fait renier, Pierre se repentit. Et Judas fut perdu et se pendit et mourut. Les pères antiques fuirent de désert en désert, de montagne en montagne et dans les grottes ils fuirent des femmes. Connaissant cela, notre père Samuel ne se mêlait pas avec les femmes.

* p. 63 * Mais toi, tu diras en regardant (les femmes) sans t'abstenir : « S'il y avait le péché dans la pensée, qui serait sauvé ? » Et si tu abstiens ta chair (tu diras) : « S'il y avait le bien dans la pensée, qui serait condamné ? » Est-ce que la voix des animaux n'éveille pas le chien, et le souvenir des femmes la fornication ? Et personne ne vainquit le souvenir des femmes, ni en s'opposant avec la parole ni par la force, sans s'éloigner des femmes et de leur langage, sans se souvenir de la mort amère et de la peine du *sheol*. Qu'est-ce qui est plus dur que le fer ? Quand il est éprouvé dans le feu, il est frappé et coupé. Et de même le fort n'échappe pas par sa force, mais seulement par le Seigneur. Qui précède notre père Adam qui pécha par le conseil de la femme ? Abel sincère fut tué à cause de la femme. Qui est plus élevé que les anges ? Qui est patient comme Job qui, sur un conseil de femme, quand elle lui dit : « blasphème que tu survives » [1], lui dit : « Si je l'avais vu, je lui dirais : qu'est-ce que j'ai fait ? » Et le Seigneur lui dit : « Tu t'es opposé à ma sentence ». Job lui dit : « J'ai parlé une fois et je ne répéterai pas, je mettrai ma main sur ma bouche » [2]. Et le Seigneur eut pitié de lui et il lui pardonna, parce qu'il est miséricordieux et indulgent. Qui est patient comme David qui commit une faute par le conseil de la femme, qui dit premièrement : « scrute-moi, Seigneur, et éprouve-moi » [3] et dit ensuite dans sa pénitence : « n'entre pas en litige avec ton serviteur » [4]. Qui est sage comme Salomon ? Parce qu'il ne connaissait pas la malice de la femme, combien de tristesse l'envahit de la part des femmes ? Et beaucoup de justes et sages et forts, que (de tristesse) les envahit ?

* p. 64 * A cause de cela notre père Samuel enseigne avec grand souci et sollicitude au petit et au grand que nous nous éloignions de toutes ses œuvres du péché. Et toi, ô prêtre, ne touche pas et ne palpe pas avec ta main sans tenailles. Est-ce que tu as vu le forgeron qui touche le feu avec sa main sans des tenailles contre le feu ? De même toi, ô prêtre, avec ta main ne touche pas le corps des femmes, mais fais la bénédiction avec le signe de la croix qui est le sceau de la main, les

[1] *Job* 2,9. — [2] *Job* 40, *4-5*. — [3] *Ps* 26,*2*. — [4] *Ps* 143,*2*.

tenailles de la divinité. Un prêtre des enfants de notre père Samuel qui s'appelle Tasfā Ṣeyon dit : « Quand j'étais petit, je l'ai vu et je marchais à son pied et le suivais; or les grandes femmes, les filles du royaume, les femmes des princes vinrent pour recevoir la bénédiction de notre père Samuel. Elles lui dirent : 'O *abbā*, bénis-nous avec ta main sainte'. Il les bénit avec le signe de la croix. Et elles lui dirent : 'Pourquoi ne nous bénis-tu pas avec ta main sainte ?' Notre père Samuel leur dit : 'La croix est meilleure'. Et quand nous allions sur la route, les frères dirent à notre père Samuel : 'Pourquoi ne nous bénis-tu avec ta main ? Et les autres baisent avec leurs lèvres ?' Et alors notre père Samuel fut irrité sur nous : 'Est-ce que l'on peut dire ainsi sur cette terre aux moines : mais permets aux moines d'embrasser les femmes, et aux séculiers (dire) : c'est une honte ? N'as-tu pas entendu ce que Salomon le sage dit : 'N'entre pas dans leur voisinage et n'écoute pas leurs voix et ne mange pas leurs assaisonnements'. Et Sirach, le sage, dit : 'Comme une montée sablonneuse fatigue les pieds des vieillards, ainsi la femme mauvaise fatigue l'homme sincère. Qu'elle ne te séduise pas sa beauté, parce que le fléau et le danger est en elle et un grande reproche [1]. La fornication de la femme se fait apercevoir de ses cils et de ses yeux [2]. A l'homme adultère tout le pain semble être doux et il ne connaît pas jusqu'à la mort, l'homme stupide. Personne ne voit dans les ténèbres de la terre, sa maison le cache' [3]. * Et puis, un jour, une dame vint et elle fut irritée quand il lui refusa la bénédiction avec sa main. Notre père Samuel fut dur envers elle et elle devint comme de couleur de grêle; sa face devenait sombre et pâle et elle le supplia de (lui) pardonner son péché. Il lui pardonna et elle guérit. Et quand il lui eut pardonné, notre père Samuel, une grande grâce et joie étaient chez ceux qui virent et qui entendirent. Et nous, nous suivons les traces de notre père Samuel qui compara les femmes au feu. Et le feu a la mesure et la fin qu'il brûle le corps et laisse l'âme, mais le péché perd ensemble l'âme et le corps. A quoi comparerons-nous la malice de la femme et à quoi la mettrons-nous en parallèle ? A la mort ? Mais elle a le retour et la résurrection de la vie pour les justes. A quoi comparerons-nous la malice de la femme ? Au *sheol* ? Il a le commencement et la fin. Mais elle est semblable à la géhenne qui est immense; dès que le monde eut été créé, la pierre qui descendit sur l'orbite ne vint pas jusqu'à aujourd'hui, dit notre

* p. 65

[1] *Si* 25,*20-22*. — [2] *Si* 23,*17-18*. — [3] *Si* 26,*9*.

père Samuel. Quand elles veulent offrir les sacrifices, qu'elles restent séparément et que (le sacrifice) des moines (leur) reste défendu. Est-ce impossible ? Le feu est bon et mauvais, il brûle et il fait la ruine de la ville, mais on fait (aussi) avec lui l'offrande et le sacrifice. De même c'est des femmes que le bien et le mal naît. La faute devint par les femmes et premièrement le poison de la mort fut trouvé par Ève. Et deuxièmement par Notre-Dame, la Sainte Vierge, la glorification de nous tous et la couronne de notre gloire, qui est Marie, devint le salut et la vie pour le monde entier. Et encore par la femme de Barabbas pécha Judas, parce qu'elle dit à Judas : « Dis au Maître qu'il relâche mon homme ». Et Judas parla à notre Seigneur et notre Seigneur ne
* p. 66 lui répondit pas. * Elle lui dit : « Qu'est-ce que t'a dit le maître ? » Il lui dit : « Il ne m'a pas répondu ». Elle lui dit « Pour Marie et Marthe, il leur a ressuscité leur frère Lazare, le quatrième jour après sa mort et à toi, il ne t'a pas répondu ; est-ce que tu mourras pour cet homme ? » Quand elle lui eut dit ainsi, il l'amena à la mort. Et puis, le salut advint par Marie-Madeleine qui annonça la nouvelle de la résurrection, parce qu'il y avait beaucoup de femmes saintes qui méprisèrent le monde et vainquirent Satan. Par leur prière, que le Seigneur ait pitié de nous, de nous tous, les enfants du couvent. Pour les siècles des siècles. Amen.

CHAPITRE XXIX

Mais ceux qui n'étaient pas de la doctrine de notre père Samuel, dirent : N'est-ce pas que Dieu dit : « Faisons l'homme à notre ressemblance » [1]. Ô orgueilleux en pensée, est-ce que tu veux être égal à la divinité ? Tu n'as pas de cœur en inventant cette malice comme (l') inventa Arius maudit [2]. Et toi, comme notre père Samuel (l') ordonna et comme dit notre Seigneur « Celui qui regarde la femme et la désire a déjà commis l'adultère avec elle dans son cœur » [3], éloigne-toi et fuis le commerce avec les femmes. Et s'il n'est pas possible de fuir dans ta chair, fuis dans ta pensée. Couvre tes yeux avec tes cils pour ne pas voir, assourdis ton oreille pour ne pas entendre sa parole ; il serait

[1] *Gen* 1,*26*. — [2] Nous voyons ici les traces de la pensée des Micaélites sur la dissemblance entre Dieu et l'homme ; cf. E. Cerulli, *Scritti teologici etiopici dei secoli XVI-XVII*, *Studi e Testi* 198, Rome 1958, pp. IX-X. — [3] *Mt* 5,*28*.

meilleur pous toi de demeurer avec les animaux, les lions et les léopards que de demeurer avec elle.

Il y avait un frère dont la mère était vieille. Quand ils allèrent sur la route, ils arrivèrent à un grand fleuve. Elle ne pouvait pas traverser. Il enveloppa sa main du vêtement et la transporta. Elle lui dit : « N'est-ce pas que je t'ai engendré et t'ai nourri ? Pourquoi as-tu enveloppé ta main du vêtement ? » Il lui dit : « Quand je touche ta chair, je me souviendrais * d'autre femme [1] ». Et les apôtres disent : « Qu'il * p. 67
ne s'approche pas de sa mère, de sa sœur et de sa fille, parce que le lacs de Satan est proche, la joue de la femme est tout entière comme le feu ».

En y pensant notre père Samuel, chef des pasteurs des troupeaux des brebis et des agneaux et des bœufs, enseignait aux prêtres les œuvres du sacerdoce, il enseignait aux peuples les paroles de la foi, et aux moines — le jeûne et la prière, la loi et la règle et la doctrine parfaites, notre père Samuel qui connaissait ce que les pères dirent : il est défendu aux moines de manger la viande et de boire l'hydromel. Mais qu'on écoute la vie d'Aron à propos du manger. Écoute, je veux te dire, je suis le fils de Samuel. Notre père Samuel et notre père Aron étaient liés par la règle des saints. Le grand *abbā* Aron fit beaucoup de miracles et de prodiges : il monta l'eau sur la montagne en montant le chemin avec son bâton et il lia Satan et il lui imposa la pierre, (Satan) qui le servait au lieu d'âne que le lion lui tua. En allant, *abbā* Aron vint à un vieillard. Le vieillard dit à l'hôte : « Je cuirai les oiseaux pour l'hôte ». Et alors Aron commença à bénir en disant : « Au nom du Père et du Fils et du Saint-Esprit, un seul Dieu ». Et alors les oiseaux qui étaient rôtis se levèrent et battirent des ailes. Les moines vinrent et s'étonnaient, (ainsi que) les vieillards et ses disciples. Ils lui dirent : « Qu'est-ce que c'est, ô *abbā* ? » Il leur dit de ne pas manger de viande. Il vint encore au marché et il dit à son disciple : « Achète pour nous quelque chose à manger ». Il alla acheter et il ne trouva ni fruit, ni légumes, seulement la viande. Il lui dit : « Je n'ai rien trouvé ». Notre père Aron alla et dit : « Vends-moi de la viande ». Il lui dit : « Je ne t'en vendrai pas. Est-ce qu'il n'a pas de honte, ce moine ? » Il laissa tomber l'invective, il bénit la viande devant lui * et elle devint légumes. * p. 68
Et toi, fais de même si tu as la foi telle qu'elle transporte les montagnes ; comprends donc du début à la fin, manger la viande pour les moines,

[1] Cf. collection anonyme des apophtegmes, NAU, *Histoire des solitaires Égyptiens*, Roc, 1908, p. 52, nº 159.

c'est une honte. Et nous qui cherchons excuse à cause de la maladie, ici et là, qu'est-ce que nous lui répondrons ? Mais suivons les traces de la doctrine de nos pères pour qu'il soit dit de nous : « La génération des justes sera bénie »[1]. Notre père Samuel est génération juste. Son père Endreyās était prêtre et moine, sa mère Arsonyā était religieuse. Ils étaient martyrs. Et pour les martyrs, il y a beaucoup de chemins : l'un du glaive, l'autre de l'exil. Quant à notre père Endreyās, on le chassa à l'ouest et puis le roi le fit sortir vers l'est. Puis on l'amena à l'ouest, vers l'ouest et l'est, de ville en ville. Et sur la route il mourut le 21 de mois de *kweryāqwe*[2], c'est-à-dire *tāḫśaś*[3]. Que sa prière et sa bénédiction soient avec son bien-aimé Ḫayla Sellāsē. Pour les siècles des siècles. Amen.

CHAPITRE XXX

Puis notre père Samuel connut par le Saint-Esprit qu'il passerait de ce monde passager. Il pleura des larmes amères, il craignit et s'épouvanta, il fut troublé tout entier. Il versa des larmes amères et elles tombèrent comme des gouttes d'eau et descendirent sur ses joues. Il regarda vers le ciel, il étendit ses mains, il pria et supplia le Seigneur son Dieu. Il dit : « Écoute-moi, mon Seigneur Jésus Christ. Je suis ton serviteur, pécheur et coupable, pauvre et miséreux parce que je ne suis pas prêt pour la bonne conduite. Ouvre-moi, mon Seigneur, les portes de ta miséricorde et envoie-moi l'ange lumineux pour qu'il
* p. 69 me conduise par la porte étroite et le chemin resserré[4], * pour qu'il me sauve des troupes des démons mauvais qui saisissent les âmes comme les aigles, qui chassent et entraînent à la porte de la condamnation. Ô mon Seigneur Jésus-Christ, je te prie et t'implore, montre-moi ta face et fais-moi entendre ta parole et sauve-moi de la sentence du jugement et du procès. Ne me montre pas la fumée d'enfer, ne me fais pas descendre dans la profondeur du *sheol*. Ô mon Seigneur Jésus-Christ, ceux qui croient en toi et qui sont baptisés en ton nom, fortifie-les dans la foi orthodoxe et dans la bonne conduite et délivre-les du Mastēmā mauvais. Ô mon Seigneur Jésus Christ, garde ces moines qui prirent le joug de la vie monastique de ma main et qui étaient

[1] *Ps* 112,*2*. — [2] Nom altéré du quatrième mois des coptes. — [3] A ajoute au bas de la page : « en 1423, l'année de la Miséricorde ». — [4] Cf. *Mt* 7,*13*.

soumis avec moi et qui obéissaient à mes paroles, qui faisaient ma volonté. Ô mon Seigneur Jésus-Christ, ne méprise pas ceux qui invoquent mon nom et ton nom et ceux qui se trouvent dans l'affliction et la tristesse; aie pitié et miséricorde pour eux et délivre ceux qui sont dans la maladie et la douleur, dans le danger et l'exil, qui invoquent mon nom et ton nom, qui sont dans la famine et dans la nudité; nourris-les du trésor de ta richesse».

Et tout de suite une voix vint du ciel en disant : «Ne crains pas et ne t'épouvante pas, car je suis avec toi et je te ferai reposer de la fatigue de ce monde. Ô Samuel, mon serviteur et mon fidèle, qui as fait ma volonté, moi, je recevrai ta supplication quand tu me prieras, et moi je t'honorerai comme tu m'as honoré, et pour ta fatigue je te donnerai la récompense au royaume du ciel et pour ta lutte de la grande fatigue je mettrai la couronne sur ta tête et le casque du salut, et pour ton jeûne et ta prière et ta suplication, je te donnerai le royaume des cieux. Celui qui se souciera des funérailles de ton corps pur, je lui donnerai une grande récompense et une demeure pure. Celui qui invoquera ton nom à l'intérieur ou à l'extérieur, au désert ou * au champ, sur chaque route, quand il marche et quand il est assis, * p. 70 dans toute son affliction, moi, j'entendrai sa prière et sa demande tout de suite. Et celui qui viendra de loin ou de près au jour de ta commémoration pour écouter le livre de ta vie, et qui écoutera avec confiance, qui ira en admirant et s'étonnant, moi, je lui donnerai la récompense de la grâce et la bénédiction pleine sur la terre. S'il héberge l'hôte ou médite au jour de ta commémoration selon ses possibilités, comme il peut, au pain et à l'eau, moi, je lui donnerai la récompense de la grâce et je laverai la souillure de son péché. Qui donnera l'aumône en ton nom ou qui vêtira un nu, moi, je le vêtirai du vêtement de la vie éternelle qui n'est pas tissée et que n'a pas faite la main de l'homme. Qui prendra soin du lieu de ton sépulcre, sans hésitation ni murmure, moi, je lui donnerai la récompense des justes. Or les anges viendront à ta rencontre quand tu monteras au ciel par la volonté de mon Père, par ma volonté et par la volonté du Saint-Esprit, pour que tu sois avec moi». C'est le don de notre Seigneur Jésus-Christ à notre père Samuel, son bien-aimé et son élu. Puis, ayant achevé ce don de gloire et le pacte, il monta le ciel dans une grande majesté. Notre père Samuel se réjouit dans le Saint-Esprit, avec la joie et l'allégresse à cause de ce que le Sauveur lui avait donné le don du pacte. A lui gloire, à lui louange, avec son bien-aimé Ḫayla Sellāsē. Pour les siècles des siècles. Amen.

CHAPITRE XXXI

Puis notre père Samuel envoya au chef de la ville qu'il nomma, en le baptisant, Samra Krestos. Les envoyés allèrent et ils le conduisirent à lui tout de suite. Notre père spirituel lui dit : « Est-ce que
* p· 71 tu es venu, ô mon fils ? Je * t'ai aimé beaucoup dès que tu as pris le signe de la grâce ; car tu le sais, dès que je t'ai aimée, je ne t'ai pas eu en haine. Écoute, ô mon fils que j'aime, ce que je te dis, car voici, je suis tombé malade et le temps de mon repos et ma migration de ce monde est venu pour moi. N'enterre pas mon corps dans ce lieu : les gens de cette ville, durs et forts dans la parole et dans les mœurs, n'ont pas donné le lieu aux moines, mes enfants ; parce qu'ils (le) leur ont enlevé par force, mon Seigneur Jésus-Christ m'a ordonné en disant : 'Qu'ils enterrent ton corps dans la terre de Wagag et que là-bas soit ta commémoration, là-bas je multiplierai tes enfants et tes fils'. O mon fils, je te confie toute cette chose, n'oublie pas mes pleurs ». Et Samra Krestos lui dit : « Oui, qu'il soit, *abbā*, selon ta volonté et ton désir, comme tu dis ». Notre père Samuel lui dit : « Donne-moi ta main pour faire le pacte afin qu'il soit juste et digne ». Il lui donna sa main droite. Ils tinrent leurs mains et ils se lièrent tous les deux avec un grand serment.

Puis il alla sur sa route. Ensuite (Samuel) tomba malade, d'une maladie forte, il se coucha sur son lit. Les moines et les religieuses se réunirent en se lamentant et en pleurant, en disant : « Malheur à nous ! Hélas à nous ! A qui nous laisses-tu, ô *abbā*, notre père et père de notre esprit ! Malheur à nous ! Hélas à nous ! Car notre lampe s'est éteinte qui brillait sur le candélabre. Malheur à nous ! Hélas à nous ! Car il était violon, cithare qui jouait parmi nous, qui faisait réjouir nos cœurs ». Et les religieuses vinrent en disant et en pleurant : « Malheur à nous ! Hélas à nous ! A qui nous laisses-tu ? Tu nous as faites orphelines. Notre père spirituel, qui nous as exhortées pendant que nous violions la règle de la constitution monastique et la corrigions. Malheur à nous ! Hélas à nous ! Car tu nous as ordonné le jeûne et la prière et d'aller le matin à l'église et l'adoration de la Trinité unique. Viens, pleure, église, en ôtant le voile de ta face et tes vêtements ornés. La couronne de ta tête est tombée et ta lumière s'est obscurcie parce que celui qui te sanctifiait avec son corps saint et avec son sang précieux et qui te rendit le lieu de l'adoration et de la prière et de * l'expiation des péchés et de l'immolation du corps du Fils, il passe. Venez, pleurez avec nous, montagnes et collines, qui étiez * p. 72 tabernacles des Dask et demeure des démons, qui avez été sanctifiés par la prière et la supplication, par la lecture de l'Écriture et par la bénédiction de ses mains saintes. Venez, pleurez, vallées qui avez été sanctifiées par l'onction de l'huile sainte et par l'onction du chrême pur ».

Notre père Samuel dit aux réunis : « Si vous gardez mes ordonnances et restez dans ma règle, vous trouverez le vêtement et la nourriture et, au ciel, une grande récompense et la grâce et la gloire. Ne soyez pas orgueilleux, pleins de jactance, au cœur raide, parce que celui qui a le cœur raide ne verra pas la miséricorde du Seigneur ». Ayant dit cela il mourut et son esprit sortit le 29 du mois de *ṭeqemt*.

Les gens de cette ville vinrent en se lamentant, en criant et en frappant leur poitrine et en mangeant de la terre et des cendres, ils répandirent de la terre sur leurs têtes, ils déchirèrent leurs joues et ils dirent : « Où irons-nous et où fuirons-nous de notre ennemi et adversaire et de la bouche de l'hyène dévorante et du loup rapace ? Ô notre père et notre Seigneur, où irons-nous et où fuirons-nous ? Tu nous as pardonné la peine et l'adversité qui étaient sur nous et sur nos fils. Et maintenant, qu'est-ce que nous dirons et qu'est-ce que nous pouvons ? Venez, pleurons et lamentons-nous comme Adam et Ève pleuraient à cause de la mort d'Abel, leur fils, premier mort. Et nous, pleurons et lamentons-nous en disant : Samuel, notre père, premier-né du couvent de Wagag, le plus beau des couvents à la seule exception de Dabra Libānos ». Puis ils se réunirent et ils l'enterrèrent là-bas dans la terre de Yazarzar et ils allèrent.

Puis, Samra Krestos, bien-aimé de notre père Samuel, vint en se souvenant de son serment, il tomba sur la terre et il dit : « O mon père * et ma gloire dans ma vie, et lampe d'Endagabṭon et de Šēwā». * p. 73 Il dit irrité : « Où l'avez-vous enterré ? » Ils lui dirent : « Voici, mon Seigneur ». Il tomba sur son sépulcre en disant : « Dès maintenant je suis devenu la dérision de mes adversaires et le rire de mes ennemis et de mes anatagonistes ». Puis au septième mois il réunit les troupes et il déporta son cadavre et le transporta au couvent de Wagag et il le fit revenir là, il l'enterra et alla en pleurant et en se lamentant avec des larmes amères sur la route, comme pleurait Jacob Lozāwi en disant : « Car j'ai perdu Joseph ».

Et nous, versons des larmes amères et lamentons-nous en disant : « Nous avons perdu notre père Samuel, notre père spirituel et nous ne le voyons pas ». David, le prophète, dit : « L'arc de Jonathan n'était pas oint d'huile mais de sang » [1]. Et nous, pleurons et lamentons-nous ensemble en disant : « Notre père Samuel n'a pas été oint de l'huile de la calomnie ni du toucher des femmes ni de la violation du jeûne et de la prière, mais seulement de la chasteté et de la sainteté ». Il dit encore : « L'arc de Jonathan ne revint pas vide » [2]. Et vous, venez, pleurons et lamentons-nous ensemble en disant : « L'arc de la prière tendu et fermé, du prêcheur de la Nativité, notre père Samuel, et la flèche de sa prière victorieuse ne reviennent pas vides ». Et encore il dit : « Absalom, mon fils, Absalom ! » Et nous, pleurons, mes frères et lamentons-nous au temps de sa mort en nous souvenant de nos voisins et disons : « Malheur à nous ! Hélas à nous ! *Abbā* Samuel, notre père et notre gloire et gloire de nos vieillards ! » Les cieux et la terre pleuraient sur la mort de Moïse, chef des prophètes; Israël pleurait, qu'il conduisait et qu'il fit sortir de la servitude amère de Pharaon. Et nous, mes frères, pleurons et lamentons-nous amèrement en disant : « Un autre, comme notre père Samuel, où (le) trouvons-nous ? L'homme intègre, comme Moïse bon, et, comme David, élu ». Élisée pleura par-
* p. 74 ce que Élie ferma le ciel et retint la pluie trois ans et six mois; * il était la force et la puissance d'Israël. Et nous, lamentons-nous en disant : « Notre père Samuel, toi qui annonces la naissance de notre Sauveur, notre force et notre puissance et gloire de nous tous ». Comme Dionysios [3] pleurait sur la mort de Pierre et de Paul en disant : « Les anges hochèrent leurs têtes, les justes et les martyrs furent stupéfaits ». Et nous, pleurons et lamentons-nous, en deuil et tristesse, en disant à cause de la mort de notre père Samuel : « Celui qui annonçait aux hommes et aux femmes sa première naissance du Père, sans mère ! Maintenant une grande crainte est venue et une épouvante, pour les vieillards et les enfants ». Prochorus pleurait à cause de Jean quand il fut submergé dans le lac; quand il revint et le vit, il se réjouit [4].

[1] *1 S* 1,*21 s*. — [2] *1 S* 1,*22*. — [3] le Pseudoaréopagite. — [4] Cf. E. A. Wallis Budge, *The Book of the Saints ot the Ethiopian Church*, Cambridge 1928, p. 446.

Et nous, lamentons-nous à cause de ce que nous n'avons pas de notre gloire et celle de nos consanguins, en disant : « Samuel, notre père, écrivain de la naissance du Seigneur Jésus-Christ ! » Celui qui disait et révélait les choses cachées, il s'est caché devant nous ; le soleil lumineux manque sur notre terre ; il manque ; il a été couvert de la terre et son corps saint fut enseveli, il devint cendre, comme David dit dans un psaume : « Le soleil connut son coucher, tu as fait venir les ténèbres, la nuit vient et toutes les bêtes des forêts sortent, les lionceaux rugissent et ravissent » [1].

Mais nous, ne pleurons pas à cause de lui, mais pleurons à cause de nous-mêmes, car, comme des brebis sans pasteur, nous sommes dispersés. Ici, nous ne le voyons pas, et là, nous ne le trouvons pas. Et si nous ne garderions pas sa parole ? N'est-ce pas la parole du Seigneur, le créateur puissant, cette parole par laquelle il conclut une alliance et il dit : « Qui la violera, on lui dira au grand jour : éloigne-toi, ô serviteur paresseux ! » Observons donc comment avec trois sons de trompette adviendra la résurrection des morts. Au premier son de la trompette se réunira la poussière du corps dissipé qui était dans les régions inférieures, que les bêtes dévorèrent et les vents dissipèrent, qui pourrit et se corrompit et sentit mauvais et devint cendre. Et au deuxième son de la trompette les os seront réunis et deviendront * cadavre sans se mouvoir. Et au troisième son de la trompette se * p. 75
lèveront les morts, les justes et les pécheurs, en portant leurs œuvres, bonnes ou mauvaises. Et le roi, s'étant assis, placera les justes à sa droite et les pécheurs à sa gauche. Et le roi s'adressera à sa droite et il dira aux justes : « Venez à moi, les bénis de mon Père et héritez le royaume des cieux qui vous a été préparé avant que le monde fût créé. Car j'ai eu faim et vous m'avez donné à manger, j'ai eu soif et vous m'avez donné à boire » et des paroles semblables. Les justes diront. « Quand t'avons-nous vu ? » Il dira : « Ce que vous avez fait à l'un de ces petits qui croient en moi, vous (l')avez fait à moi » [2]. Les justes iront de chez notre père Samuel, les bons maîtres pour entrer dans la vie éternelle ; c'est la part de l'héritage des parfaits. Et puis il s'adressera à la gauche et il leur dira : « Car j'ai eu faim et vous ne m'avez pas donné à manger » et ainsi de suite. Le roi leur dira : « Ce que vous n'avez pas fait à l'un de ces petits, vous ne l'avez pas fait pour moi » [3]. Alors la bouche sera muette et la langue sera liée et la

[1] *Ps* 104,*19-21*. — [2] Cf. *Mt* 25,*33-40*. — [3] Cf. Mt *25,41-45*.

gorge sera fermée et l'âme tremblera. Alors l'éclair déchirant sera envoyé et la voix du tonnerre terrible et la foudre puissante et la colère qui lèvera et saisira les pécheurs. Et les justes pleureront à cause des pécheurs, alors les larmes couleront comme la pluie d'hiver. Et les pécheurs pleureront à cause d'eux-mêmes quand ils verront la flamme de feu qui leur dressera des embûches ; elle tiendra sa bouche béante et la géhenne les dévorera. Ils seront liés par un lien qui ne sera pas dénoué, ils seront enfermés dans leur clôture éternelle. C'est la part et l'héritage de ceux qui repousseront la pénitence, comme dit David, le prophète : « Ceux qui haïrent la justice, feront pénitence ». Et encore il dit : « Le pécheur empruntera et il ne restituera pas, et
* p. 76 le juste a pitié et donne» [1]. Les pécheurs, * s'ils font pénitence, ils n'achèvent pas et les justes, sans avoir péché, font pénitence parce que la pénitence est instituée pour la vie et non pour la perdition.

Caïn qui pécha et ne fit pas pénitence, fut perdu. Abel fit pénitence et il ne pécha pas même, mais il devint offrande pure. Pierre pleurait jusqu'à ce que ses cils s'écoulèrent et il fut appelé le principal des pénitents. Judas qui ne faisait pas pénitence fut perdu, mais Jean ne fut pas perdu, bien-aimé du Seigneur, dans la pensée duquel n'entra pas la souillure de ce monde. Et quand nous invoquerons leurs noms, notre narration deviendra longue parce que le Seigneur dit : « Dieu vengeur, manifestement écoute » [2]. O toi qui dis 'vengeur', cela veut dire : 'celui qui se tut' ; il dit : 'vengeur, manifestement écoute' ; ô toi qui dis 'qu'il ait pitié de nous', est-ce par la pénitence ou gratuitement, sans la pénitence ? La miséricorde sans la pénitence ? Je ne sais pas, le Seigneur sait. Et notre père Samuel se tenait pur et il prêcha sur la pénitence et il fut guide comme dit Paul : « Chacun, je l'ai accompagné dans sa conduite » [3]. Pareillement notre père Samuel, ceux qui sont pleins de jactance et les orgueilleux, il les tourna par son humilité à l'humilité, et les fous, par le sel de sa doctrine, il les fit sages. Et surtout pour les gens du pays d'Endagabṭon dont les habitants se dépravèrent par le culte des idoles, il leur construisit les églises ; les devins et les idolâtres, il les convertit en fidèles et moines, et les fils, il les fit devenir prêtres ; notre père Samuel, pour qu'ils ne présument pas contre lui et ne disent pas de lui qu'il ne fait pas, il enseigne (seulement). En faisant (lui-même), il fit faire, notre père Samuel ; en apprenant (lui-même) il enseignait, notre père Samuel,

[1] *Ps* 37,*21*. — [2] *Ps* 94,*1*. — [3] *1 Co* 9,*22*.

bon pasteur, qui était vraiment étoile splendide. A cause de la mort de notre père Adam, le soleil cacha sa lumière jusqu'à sept jours. Et maintenant, le huitième jour après sa mort, le soleil manqua de sa lumière, jusqu'à sept jours.

Et maintenant, mes frères et bien-aimés de notre père Samuel, venez, faisons sa commémoration par le sacrifice et par l'encens agréable, par la coupe d'eau froide. * Et ne disons pas : « Nous n'avons * p. 77
rien à donner ». Écoutons le prêtre quand il dit de ceux qui font l'offrande et qui apportent les cadeaux : « Ceux qui n'ont rien à donner, qu'il reçoive leur désir et qu'il l'estime comme parfaite (offrande) ». Nous qui n'avons rien, qu'il estime parfait notre désir. A tous notre Seigneur dit : « Faites ma commémoration »[1]. En quoi feront-ils sa commémoration parce que tout est à lui ? Pourquoi feront-ils sa commémoration s'il est essence pure ? Mais (c'est) pour donner l'exemple, pour que nous fassions la commémoration des habitants du ciel et de la terre, des prophètes et des apôtres, des confesseurs et des martyrs. Notre père Samuel comme les prophètes était prophète à cause de sa doctrine, comme les justes il était juste à cause de son combat, comme les moines (il était) parfait à cause de ses miracles, comme dit notre Seigneur : « Celui qui reçoit le prophète aura la récompense du prophète et celui qui reçoit le juste, la récompense du juste »[2]. Et combien plus ils reçurent le don de la gloire, en disant : « Qu'est-ce que la récompense de celui qui invoque notre nom et fait notre commémoration » ? Il leur dit : « Que la parole passe dans l'évidence ». Est-ce que Samuel, notre père, ne reçut pas le don de la gloire ? Je ne veux pas avoir peur, notre père Samuel recevra le don de la gloire et y participera comme les apôtres parce qu'il reçut la récompense spirituelle. Notre père Samuel recevra le don de la gloire et participera à l'héritage comme les martyrs parce qu'il tenait fortement la constance. Notre père Samuel recevra le don de la gloire et participera à l'héritage comme les justes, parce qu'il acquit la belle bonté. Notre père Samuel recevra le don de la gloire et participera à l'héritage comme les moines parce qu'il observait fortement le jeûne et la prière.

Et nous, faisons sa commémoration pour passer dans l'union avec lui. Exaltez notre père Samuel pour qu'il vous exalte par sa prière ; honorez notre père Samuel pour qu'il vous honore par son intercession. Et vous, * vous cachez chez vous la perle, ne pillez pas et ne violez pas * p. 78

[1] Cf. *Lc* 22,*19*. — [2] *Mt* 10,*41*.

votre dépôt pour que la tristesse ne descende pas sur vous. Et ne diminuez pas sa commémoration, pour que la bénédiction ne se diminue pas sur vous comme les enfants d'Israël dirent : « Voici, notre Seigneur, comment opprime-t-on tes enfants ! Et le Seigneur les punit au lieu des pères bons ». A cause de notre père Takla Hāymānot, père de tes brebis et à cause d'Anorēwos et à cause de Samuel, prêcheur de l'Évangile, à cause des prophètes et des apôtres et à cause de tous les confesseurs et des martyrs, par la supplication et la demande de Notre-Dame (la souveraine) qui de nous tous recueille toutes les demandes, Notre-Dame sainte et bonne, la Vierge Marie, la couronne de notre honneur et la gloire de notre famille, que le Seigneur ait pitié de nous et qu'il soit miséricordieux pour nous et qu'il garde notre père Takla Abrehām et notre père Ḥaliba Wangēl et notre père Makfalta Samuel et notre père Qeddusa Egziabḥēr *abbā* Mikā'ēl et avec tous les enfants de Samuel, grands ou petits, qui sont nourris par la grâce du Saint-Esprit, qu'il inscrive leurs noms, Jésus-Christ, dans la Jérusalem céleste où les noces du mariage nouveau sont préparées. Qu'ils soient avec Antoine, Macaire. Tenez-vous dans la grâce du Saint-Esprit et dans la (bonne) condition du corps et de l'âme. Qu'il garde son bien-aimé Ḫayla Sellāsē. Pour les siècles des siècles. Amen.

Et les maîtres vinrent, chacun selon ordonnance de la parole et de la volonté de notre père Samuel pour saluer le lieu de la tombe de notre père Samuel. C'étaient : *abbā* Tādēwos d'Enasedestey, *abbā* Ferē Ḥeṣān de Wilḥot, *abbā* Samra Krestos de Degmano, *abbā* Yoḥannes de Wandalā, *abbā* Ferē Mikā'ēl de Hagara Māryām, *abbā* Zar'a Ṣeyon de Barṭeñ et *abbā* Māmās d'Endamuqāl, *abbā* Takla
* p. 79 Māryām * d'Endanēbāl, *abbā* Mātyās de Dāmot, *abbā* Aboli de Bēta Māryām et *abbā* Tanse'a Krestos d'Endarāmo. Les voilà. Que l'intercession de nos pères saints nous couvre comme le vêtement de la lumière.

Le livre de la vie de notre père Samuel s'achève, par la volonté du Saint Trisunique, le Père et le Fils et le Saint-Esprit. Gloire au Seigneur qui est au-dessus de tous et dans les tous, nous tous, les enfants du couvent. Pour les siècles des siècles. Amen.

LES MIRACLES DE SAMUEL DE DABRA WAGAG

* Au nom du Père et du Fils et du Saint-Esprit, un seul Dieu. Nous * p. 80
commençons à écrire les miracles de notre père Samuel. Que sa prière et sa bénédiction soient avec son bien-aimé Ḫayla Sellāsē. Pour les siècles des siècles. Amen.

Or après la mort de notre père Samuel une lampe lumineuse apparut dans sa tombe [1]. ⌜Notre père Samuel dit aux enfants [2] le dimanche, pendant qu'ils étaient debout au chant des hymnes et ils étaient tous dans le vestibule : « Regardez et voyez la lumière de la lampe descendant du ciel ; rien n'est semblable à elle et elle n'est pas comme la lampe de ce monde, mais la beauté de sa splendeur est diverse ». Un des enfants de notre père Samuel du nom de Zar'a Ṣeyon lui dit : « Je te prie, dis-nous, notre père, est-ce que c'est cette lampe qui brille à l'intérieur du sépulcre du Sauveur du monde ? » Et il alla pour (le) dire par la force de la croix en chantant les hymnes de David au Seigneur Adonāy dans le sanctuaire. Et il raconta cette chose, à propos de la lampe, par la force de la croix. Et puis il fut stupéfait par la force de la croix et il dit à son bien-aimé : « Apporte la lampe de là pour qu'elle soit pour nous espoir et bénédiction. Quand il nous le dit, moi, j'allai tous de suite, pour arriver là et quand je parlais, l'un parla vite, audacieusement, pendant que la lumière était dans la tombe de notre père Samuel. Et quand il dit cela elle disparut. Et tous pleuraient, chacun disant : Malheur à nous ! Si nous trouvions un grand honneur et une grâce, ce serait espoir, la gloire de notre maison et de nos régions. Mais si cette lampe a disparu ? Jusqu'à maintenant elle était mise dans * la tombe quand notre père Samuel était * p. 81
caché devant nous ». Les saints lui dirent : « Cette chose que nous avons entendue et vue est juste et vraie ». Pour nous, qui invoquons son nom et qui nous mettons sous sa prière, que la lampe de la grâce et de la faveur brille devant nous et qu'elle nous conduise et garde

[1] Ce récit n'est pas tout à fait clair. — [2] B : « Les enfants de notre père Samuel dirent ».

pendant tous nos jours. Que la force de son aide garde son bien-aimé Ḫayla Sellāsē. Pour les siècles des siècles. Amen.

[1] Miracle de notre père Samuel. Que sa prière et sa bénédiction soient avec son bien-aimé Ḫayla Sellāsē. Pour les siècles des siècles. Amen. Le prodige et le miracle qui fut fait au lieu du sépulcre de notre père Samuel. Il y avait un homme qui était tenu par la maladie de la peste. Son père demanda pour lui avec confiance le bienheureux et saint notre père Zar'a Madḫen pour qu'il suppliât pour lui. Il pria et il l'oignit de la terre de la tombe de notre père Samuel et il guérit. Et Zar'a Madḫen dit : « Quand je l'eus oint avec la terre de la tombe de notre père Samuel, avec confiance, la guérison advint », comme dit Jacques l'Apôtre : « La prière du juste est forte et puissante » [1]. Et pour nous, ses enfants, que la force de sa prière nous soutienne contre la vacillation, nous tous, les enfants du couvent. Pour les siècles des siècles. Amen.

[2] Miracle de notre père Samuel. Que sa prière et sa bénédiction soient avec son bien-aimé Ḫayla Sellāsē. Pour les siècles des siècles. Amen. Il y avait un homme, le chef de la ville de Bagad, dont le nom était Tasfā Masqal, dont la femme était malade de la maladie de la peste. Quand la renommée de son sépulcre arriva, il dit : « Quand je l'eus ointe de la terre de sa tombe, alors elle guérit, cette femme » comme dit David dans un psaume : « Le soir les pleurs résonnent, et le matin la joie » [2]. Et son mari décida : jusqu'au jour de sa mort
* p. 82 * il fit le vœu de faire la commémoration de notre père Samuel et de donner les vêtements à un pauvre dès qu'il reçut la grâce et le don de l'aide du Dieu de Samuel. Et pour nous, que la force de la prière de notre père Samuel soit pour nous passage de la mort à la vie et qu'elle nous sauve de la mort, du lacs de Satan, nous les enfants du couvent de notre père Samuel et son bien-aimé Ḫayla Sellāsē. Pour les siècles des siècles. Amen.

[3] Miracle de notre père Samuel (qui était) d'une beauté et d'une grâce merveilleuses. Que son intercession soit avec son bien-aimé Ḫayla Sellāsē. Pour les siècles des siècles. Amen. Lorsque la chapelle de notre père Samuel fut construite, un miracle advint et un prodige dans la terre de Yāgmu. Il y avait un arbre qui s'appelle dans la langue de notre pays *kosso*. Les gens de ce pays devinaient par lui, par leur ignorance. Lorsqu'ils voulurent le couper, beaucoup d'hommes,

[1] *Jc* 5,*16*. — [2] *Ps* 30,*6*.

ce leur fut impossible parce que sa stature était longue et sa largeur épaisse. Près de lui, il y avait l'abîme du lac qui épouvantait ceux qui le regardaient. Et les enfants de notre père Samuel connaissaient auparavant qu'il y avait l'abîme du lac, et le chef d'Endagabṭon, l'un de ses enfants, d'une congrégation nombreuse, demanda à l'une des personnes de la région de lui réunir toute sa famille. Puis, le huitième jour, ce chef du couvent alla et il vint là où ils étaient convenus et où ils se réunirent tous. Et ce chef du couvent raconte : « Quand ils me virent de loin, ils me reçurent avec empressement. Ils furent bénis par moi, ils me saluèrent tous. Et il y avait un vieillard, le plus grand d'entre eux, dont les yeux s'obscurcirent, le serviteur de Satan. Quand je vins à lui, il me dit : 'Est-ce que ton arrivée m'est bonne ?' Le chef du couvent dit : 'Je suis venu à toi pour parler'. Et je parlai avec lui sur beaucoup de choses et je lui dis : 'Parce que * le grand cou- * p 83.
vent est construit pour notre père Samuel et nous ne trouvons pas le bois, nous ne pouvons pas construire.' Quand j'eus dit cela, ce vieillard qui s'appelait Batadayem, qui servait Satan, ordonna de me donner beaucoup d'arbres. Et je lui dis : 'A quoi bon ? Je ne veux que l'arbre de *kosso*.' Il s'irrita et se mit en colère, il se leva de là où il était assis et il maudit au nom de ses idoles en disant : 'Pour (tous) les jours de votre vie, ne soyez pas dignes que je (vous) donne l'arbre de *kosso*' ». Ayant dit cela il se tut et le chef du couvent répondit, en disant ces paroles : « J'ai entendu bien et à cause de cela vous périrez certainement. Ayant entendu cela les gens du pays parlèrent parmi eux : 'Qu'est-ce qui sera utile pour nous ? Qu'est-ce qu'il nous convient (de faire) Qu'est-ce qui doit arriver ?' Ayant dit cela ils me donnèrent l'arbre de *kosso*. En ce temps je remerciai mon Dieu Jésus-Christ, et mon esprit se réjouit dans mon Dieu et mon Sauveur pour les siècles des siècles. Je déclarai Samuel, mon père, bienheureux et j'allai plein de joie en esprit comme celui qui a trouvé une grande proie. J'arrivai vite là où était l'arbre et je dis aux miens : 'Faisons la prière'. Alors nous fîmes ainsi et nous finîmes la prière et je leur dis : 'Donnez-moi de l'eau bénite pour que j'en purifie l'arbre et la verse dans le lac'. Et je purifiai l'arbre et le lac. Quand j'eus dit à un fils : 'mesure-le avec le bâton', il mesura le lac, du bord jusqu'au bord, et il était (long) d'une coudée environ. A cause de cette œuvre nous avons remercié le Seigneur. Je levai la hache et je coupai trois fois au nom du Père et du Fils et du Saint-Esprit, un seul Dieu. Puis ils m'empêchè-

rent de répéter et quand les autres eurent coupé un peu, cet arbre * p. 84 s'ébranla et fut extrait de ses racines, tomba sur * la terre et faillit les écraser. Ceux-ci qui coupaient, sept hommes, par la force de la prière de notre père Samuel ont trouvé le salut : le miracle a été fait par la prière de notre père Samuel, c'était manifeste ». Et à nous, que l'espoir de son aide vienne à nous, à ses enfants, tous les jours pour que le danger ne nous atteigne pas, nous tous, les enfants du couvent. Pour les siècles des siècles. Amen.

[4] Miracle de prêcheur de la Nativité, notre père spirituel Samuel. Que sa prière et sa bénédiction soient avec son bien-aimé Ḫayla Sellāsē. Pour les siècles des siècles. Amen. Or un ermite, aimant le Seigneur, qui habitait au pays de Dawāro, vit en vision comment fut fondé le couvent près du sépulcre de Samuel. Il vit encore le miracle quand les malades furent guéris. Il raconta ce qu'il vit à un prêtre dont le nom était Tasfā Ṣeyon et il lui dit : « Toi, tu partiras en voyage pour voir le couvent de Samuel, notre père spirituel qui a reçu l'honneur de son Dieu ». Ayant entendu cela, Tasfā Ṣeyon fut stupéfait et s'étonna. Le lendemain, s'étant levé il alla et il arriva au couvent de Samuel, notre père. Tasfā Ṣeyon dit : « Moi, je raconterai exactement la chose. J'ai vu comment le miracle était fait pour ceux qui se sont oints de la terre de son sépulcre, de l'argile ». Que la force de sa prière vienne à nous toujours et qu'elle nous soit mur et munition, pour nous tous, les enfants du couvent. Pour les siècles des siècles. Amen.

[5] Miracle de notre père Samuel. Que sa prière et sa bénédiction soient avec son bien-aimé Ḫayla Sellāsē. Pour les siècles des siècles. Amen. Un jour, le jour de la naissance de notre Sauveur Jésus-Christ et au jour de la mort de notre père Samuel, beaucoup de gens se réunirent à cause de la prière à notre père Samuel, de loin et de près. Et le * p. 85 lendemain on posa les fondements * de l'église de notre père et en sept mois l'œuvre de la construction fut achevée, le 27 de *genbot*, le jour du passage du prêcheur de la Nativité, notre père Samuel. Beaucoup de malades furent guéris par l'onction de la terre de la tombe de notre père. Et nous, ses enfants, que sa bénédiction nous trouve et que l'espoir de son aide nous entoure pour que nous ne périssions pas en vain, nous tous, les enfants du couvent. Pour les siècles des siècles. Amen.

[6] Miracle de notre père Samuel bienheureux, prêcheur de la Nativité. Que sa prière et sa bénédiction soient avec son bien-aimé Ḫayla

Sellāsē. Pour les siècles des siècles. Amen. Il y avait une femme stérile qui ne pouvait pas enfanter. Elle vint à notre père spirituel Samuel, ayant confiance dans sa prière. Puis elle entra à l'église de notre père Samuel pour se consoler de sa tristesse. Elle reçut la consolation, elle qui demeurait dans l'affliction. Puis elle fut enceinte et mit au monde un fils, comme la femme d'Elqana. Elle-même parla aux gens de l'occasion de son enfantement, étant devenue le témoin, s'étant abritée sous l'aide de notre père Samuel. Et à nous, que soit le salut et que la corruption ne nous trouve pas, pour que nous soyons les gens qui annoncent ses miracles; nous tous, les enfants du couvent. Pour les siècles des siècles. Amen.

[7] Miracle de notre père Samuel, messager de la Nativité. Que son intercession soit avec son bien-aimé Ḫayla Sellāsē. Pour les siècles des siècles. Amen. Un prêtre dit : « J'ai pris un peu de la terre de notre père, corne de la naissance, Samuel, et je suis allé à l'autre ville et je l'ai donné à un homme qui était diacre pour qu'il lui fût un espoir à cause de l'amour ». Et un jour après qu'il l'eut placé dans le vêtement du lin où le prêtre la serra, elle tomba, sans qu'il le sut. La femme du diacre, quand elle la vit, brûlante comme le feu, s'épouvanta * et s'effraya et elle le dit à son fils en criant. Le fils, l'ayant * p. 86 vu, se tut et fut pris de stupeur en l'admirant. Il appela et réunit de nombreux témoins pour leur manifester le miracle de notre père. Et à ceux qui le virent, l'un après l'autre, l'un prévenant l'autre, le diacre dit, comme dit le prophète : « Qu'est-ce que le feu peut faire à l'or ? » Ainsi il ne brûla pas la terre du sépulcre de notre père Samuel, tandis que le vêtement de lin dans lequel elle avait été mise brûlait comme le feu, de telle sorte que (tous) les hommes virent, ceux de près et ceux de loin; ceux qui virent et qui entendirent s'étonnèrent. Pour beaucoup de malades c'était la guérison. De même nous, ses enfants, qu'il nous délivre de ce feu invisible. Et que l'aide de notre père Samuel ne s'éloigne pas de nous et qu'il nous relève de la chute, nous tous, les enfants du couvent. Pour les siècles des siècles. Amen.

[8] Miracle de notre père Samuel. Que sa prière et sa bénédiction soient avec son bien-aimé Ḫayla Sellāsē. Pour les siècles des siècles. Amen. Il y avait un ermite dans le couvent d'Anorēwos dont le nom était Gabra Samuel; il était diacre. Un jour, le Saint-Esprit lui rappela d'aller au lieu du sépulcre de notre père Samuel, à cause de son amour pendant qu'il était malade dans son corps, et fort dans le Saint-Esprit.

Il alla et il vint sur la route en pente. Il se fatigua et il ne pouvait pas aller. Il s'assit et il dit : « Les douleurs de la tristesse m'ont trouvé sur la pente à cause de ma fatigue et je ne suis pas monté sur la pente. Et puis la prière de Samuel, mon père, devint la force contre ma fatigue * p. 87 pour que je trouve la consolation et la guérison de * mon corps. Puis je suis monté sur la pente et je suis venu au lieu de son sépulcre; j'ai trouvé selon mon désir, par l'espoir en mon père Samuel. Et un jour j'ai demandé de l'huile pour oindre ma plaie, à un moine qui était mon frère spirituel. Il me (la) donna à cause de l'amour de mon Dieu, pour que je trouve la santé. Il m'apporta cette huile et un milan saisit l'huile et l'emporta. Moi, je dis au milan : 'Je te donne à (la protection de la) prière de notre père Samuel, restitue-moi cette huile !' Le milan porta autour cette huile sur les demeures du lieu. Beaucoup de gens virent cela et ils s'attristèrent profondément à cause de cette huile ». Puis le milan retourna à l'ermite et lui restitua l'huile par la prière de notre père Samuel. Et cet ermite remercia le Seigneur haut et glorieux et il dit aux gens de ce couvent : « Voyez ce miracle de la prière de mon père Samuel, comme il me l'a fait; qu'il ne vous semble pas une petite chose ». Et ceux qui virent et entendirent cela s'étonnaient ensemble. Que la force de sa prière soit pour nous bouclier éprouvé et qu'elle nous entoure tous les jours. Que la force de son aide soit pour nous l'honneur, pour nous tous, les enfants du couvent. Pour les siècles des siècles. Amen.

[9] Miracle de notre père Samuel. Que sa prière et sa bénédiction soient avec son bien-aimé Ḫayla Sellāsē. Pour les siècles des siècles. Amen. Écoutez ce que dit un prêtre du nom de Feqra Krestos, et qui est semblable à la narration du milan. « Un jour quand je fermai mon cordon pour le tisser, le milan vint et enleva ce cordon. Il alla et environna les montagnes nombreuses. Et par le Dieu de mon père Samuel je le conjurai et le maudis pour qu'il me restituât mon cordon. * p. 88 Et alors le milan revint et il apporta d'en haut ce cordon * et le mit devant moi. Mon esprit se réjouit dans mon Dieu et mon Sauveur. Pour les siècles des siècles. Je montrai ce miracle et ce prodige à mes frères qui étaient avec moi et eux, l'ayant vu, s'étonnèrent et ceux qui entendirent furent stupéfaits ». Que la force de la prière de notre père Samuel nous garde de nos adversaires qui prennent conseil mauvais contre nous, nous tous, les enfants du couvent. Pour les siècles des siècles. Amen.

[10] Miracle de notre père Samuel. Que sa prière et sa bénédiction soient avec son bien-aimé Ḫayla Sellāsē. Pour les siècles des siècles. Amen. Un jour on apporta un homme du cortège du roi qui avait une grande maladie : il chancelait et se tordait de douleurs depuis longtemps. Il était fils de la fille de roi dont le nom était Tasfā Giyorgis. Nous le conduisîmes à l'église et il tomba là où était enterré notre père Samuel, pour qu'il le guérit. En ce temps une grande guérison lui fut donnée et il alla à la maison en bénissant et louant la force du miracle de notre père Samuel. Et nous, ses enfants, que la force de sa prière nous entoure dans le corps et dans l'âme et qu'elle nous délivre de l'adversité, nous tous, les enfants du couvent. Pour les siècles des siècles. Amen.

[11] Miracle de notre père Samuel. Que sa prière et sa bénédiction soient avec son bien-aimé Ḫayla Sellāsē. Pour les siècles des siècles. Amen. On fit venir en le portant sur un lit un homme et il ne savait pas sa présence. Il était préfet d'Endagabṭon, il s'appelait Qāla Bās. Premièrement on le conduisit à Dabra Ṣeyon où fut enterré d'abord notre père Samuel. Ils le conduisirent là et il ne se mouvait pas, en rien, ni ne répondait aucune parole à ceux qui lui parlaient. Ensuite on l'apporta ici et un prêtre lui donna à boire un peu de l'eau bénite de notre père, et en ce temps il guérit de sa maladie. On le * fit venir (* p. 89) au lieu saint de l'église dans lequel notre père Samuel demeurait en prière de longs jours. Il recouvra la santé et la grâce. Et à nous, que son intercession pieuse nous soit la force et la victoire, pour nous tous, les enfants du couvent. Pour les siècles des siècles. Amen.

[12] Miracle de notre père Samuel bienheureux, maître de la loi. Que sa prière et sa bénédiction et le don de son aide et la bienveillance de sa grâce et l'espoir de sa paix reposent sur nous tous, les enfants du couvent. Pour les siècles des siècles. Amen. Il y avait un homme, bon et aimant le Seigneur et il était prêtre, beau dans ses œuvres; il servait le Seigneur en disant : « Le Seigneur est roi » [1]. Il vit notre père Samuel vénérable dans sa chambre, dans sa propre forme et dans la majesté merveilleuse. Il dit cela pour témoigner sa justice, étant devenu témoin.

Et nous, que la force de sa prière nous excite aux bonnes œuvres pour que nous ne soyons pas confondus à jamais au jour de l'investigation, au jour du jugement. Que de bonté de notre père Samuel dois-je

[1] *Ps* 93,*1*. Titre d'une œuvre éthiopienne; cf. E. Cerulli, *Storia della letteratura etiopica*, Milan, pp. 150-152.

raconter ! Comment il acquérait, en luttant, les vertus, comment il multipliait les jeûnes et les prières, comment il fondait les églises, comment il déracinait les devins et les sorcières, comment il guérissait les malades, comment il perdait les Dask et propageait la foi, comment il faisait des miracles et des prodiges. Et nous, que son intercession nous protège jour et nuit. Et à vous, qui vous êtes réunis par l'amour de notre père Samuel, hommes et femmes, de loin et de près, au couvent de son sépulcre, et qui prêchez sa louange avec sollicitude et vigilance, vous qui souffrez la faim et la soif, qu'il vous donne la bonne récompense. Que le Seigneur multiplie les fruits de votre terre, qu'il bénisse vos fils. Amen. Qu'il vous fasse entrer en paix dans vos maisons par
* p. 90 la prière de notre père Samuel. Que la * bénédiction de tous les anges qui forment le chœur du Père et du Fils et du Saint-Esprit repose sur vous et qu'il vous bénisse toujours et qu'il soutienne votre voie droite. Vous, mes pères et mes frères, les enfants de notre père Samuel, qui êtes ornés de sa lutte et de sa bonté, de son esprit de sagesse et d'intelligence, j'ai sonné de la corne pour que nous excitiez votre cœur pour raconter la vie de notre père Samuel. Je vous ai aplani la route droite pour que vous proclamiez la douceur de la vie et la belle bonté de notre père Samuel, bien que je n'en sois pas digne. Et je crie avec ma voix comme celui qui a été détaché de la mamelle de sa mère, pour que mon père Samuel me récompense. Pour les siècles des siècles. Amen. A nous qui nous sommes réunis pour écouter sa vie et ses miracles, que le Seigneur nous donne la bonne récompense par la prière et la supplication de notre père Samuel, l'étoile du matin, c'est-à-dire de Dabra Wagag, de la terre de Asbot, ce qui, traduit, signifie 'couvent de l'intelligence' et Asbot — veut dire 'couvent des forts'.

Le livre de la vie de notre père Samuel s'achève par la bienveillance du Père et du Fils et du Saint-Esprit. Que leur miséricorde nous garde, nous tous, les enfants du couvent. Pour les siècles des siècles. Amen.

Et le nombre des noms des maîtres qui étaient ordonnés à Dabra Asbot Deḫot, les enfants de notre père Samuel de Wagag : Qeddusu la- Egziabḥēr, Makfalta Māryām, Galāwdēwos, Mabā'a Ṣeyon, Mabā'a Dengel, Tasfā Māryām, Za-Mikā'ēl, Gabriel Dama Krestos, Za-Walda Māryām, A'edāwa Krestos, Mikā'ēl Dama Krestos, Fiqṭor, Za-Walda Māryām, Niqodēmos.

C'est *abbā* Mikā'ēl de Dabra Wagag qui transcrit ce livre. Pour les siècles des siècles. Amen. Ainsi soit-il ! Ainsi soit-il !

* L'IMAGE DE SAMUEL DE DABRA WAGAG

* p. 91

L'esprit d'intelligence qui fait comprendre et parler de manière tempérée
coule sur moi sans que tu sentes le changement,
pour que je raconte un peu de ta louange, Samuel;
l'esprit de sagesse après que le Seigneur fut enlevé par la nuée,
comme il (le) versa sur les disciples.

Salut à la mémoire de ton nom dont le nombre de lettres est quadruple
il est imprimé sur le parchemin du ciel septième;
Samuel, archiprêtre du nouveau tabernacle du sacrifice,
expie mes péchés par le sang mystique [1] de l'agneau
qui mourut, sans le mériter, pour la rédemption des morts.

Salut aux cheveux de ta tête qui ne désirèrent pas les boucles,
parce qu'il les rendit exemple des cheveux de tous les jeunes gens;
prêtre de l'Évangile, Samuel, qui es venu de la terre de Ṣelē
faire plus léger pour moi le fardeau de la tristesse et du malheur;
à ton intercession ajoute l'intercession.

Salut à ta tête qui se couvre du voile du labeur
pour apprendre la sagesse au peuple à cœur couvert;
Samuel, pasteur, tu n'avais pas de récompense,
pendant que tu gardais tes brebis du loup;
livre-toi (pour nous), ne cesse pas de parler.

* Salut à ton visage dont chantaient les louanges — * p. 92
les mille d'Éphraïm et de Manassé,
du ciel de la croix à Sinaï, mont de la sainteté
tu étais loué, Samuel, (comme) Moïse
dans la sortie du peuple, avec toi, du monde de Ramsès.

[1] Cf. A. Caquot, *L'Homélie en l'honneur de l'archange Ouriel* (Dersāna Urā'ēl) dans *Annales d'Éthiopie* 1 (1955), p. 79, note 1.

Salut à tes cils qui n'avaient point de cesse
en gardant tes yeux de nombreux ennemis;
Samuel, comme l'ange tu accomplis ta mission;
à ton exemple, Seigneur, je vais offrir le sacrifice dans le nouveau
[tabernacle;
de ton don donne-moi le don.

Salut à tes yeux qui voulurent et désirèrent
regarder toujours vers le ciel;
Samuel, vigilant par la force de la croix du Lithostrotos,
du vestibule de l'intérieur de ta maison et de son circuit
pour que tu éloignes les impies pour toujours.

Salut à tes oreilles qui n'écoutaient pas les choses vaines
mais seulement les discours vraiment justes;
Samuel, père, engendrant les milliers d'enfants;
la corne de ta louange dont le son est fin
est entendue à l'ouest et à l'est.

Salut à tes joues qui souffraient l'ardeur
des larmes de la tristesse ardente qui jaillissaient sur le Calvaire;
Samuel, qui arroses le fleuve de l'aide pour les siècles,
parce que la maladie du péché fit malade mon corps,
que ton intercession, le médicament des malades, vite le guérisse!

* p. 93 * Salut à ton nez qui exhalait toujours
l'odeur agréable du sacrifice du Verbe portant les douleurs des souf-
[frants;
Samuel, auteur de miracles tous les jours,
ta foi évangélique transporta les montagnes
et fit (passer) l'existence du figuier de la terre sèche dans la mer [1].

Salut à tes lèvres avec lesquelles tu as prophétisé
au Seigneur, prophète du siècle, Samuel, administrateur de sa maison,
que du sang de l'agneau percé qui nous a rachetés par sa mort
les serviteurs de ce sacrifice sans briser ses os
oignirent par-dessus et par-dessous.

[1] Cf. Lc 17,*6*.

Salut à ta bouche qui mit une garde
pour ne pas dire les choses vaines de langage comme l'Écriture dit,
parce que tu as compris, Samuel, au temps de l'affliction
l'histoire de la patience du Verbe dans le tabernacle de la croix,
quand il a goûté le fiel et la myrrhe pour accomplir la prophétie.

Salut à tes dents qui quittèrent la nourriture habituelle
selon qu'elles instituèrent pour elles-mêmes la loi des anges;
parce que les Deux, Samuel, sont égaux au Père de la miséricorde [1],
si le pied de ma pensée monte sur la montagne du crime,
que ta miséricorde (l')absorbe, étant devenu le fleuve.

Salut à ta langue dont la grâce est grande
dans la prédication des dix commandements et des six qui ont été
[ajoutés;
Samuel, demande pour que avec toi règnent,
quand ils passeront, invoqués, au royaume du Christ, leur Dieu,
les mille sanctifiés par le sacrifice et le sang.

* Salut à ta voix qui prêcha le Verbe * p. 94
du Fils glorieux de Marie, qui est exalté par la louange des (anges)
[élevés;
Samuel, prophète, deuxième Elie, le prophète de Silo;
pour que Satan connût ta force, celui qui gouverne tout
le tua, Achab, par la famine.

Salut dis-je au parfum de ta respiration
qui guérissait les malades et vivifiait les morts de l'esprit;
après que Dieu eut pris chair de captif,
toi, ayant imposé le sel sur leur insipidité,
tu as appelé les hommes à la foi, Samuel.

Salut à ta gorge à laquelle plut la boisson du vin de la croix,
parce qu'elle avait un grand souci de comprendre la parole du Christ;
quand l'ennemi pèsera sur la bascule l'or de mon crime,
que ta main puissante qui était vivifiée par ses œuvres habituelles,
à l'abîme, Samuel, vite le jette.

[1] Allusion à la Sainte Trinité.

Salut à ton cou qui a été le collier du combat (spirituel),
sur lequel il y a le signe de la croix;
Samuel, conduis-moi à la terre fertile,
quand les pauvres du monde avec (leur) indigence, mais riches par
[(leur) combat (spirituel) avec (leur) richesse
se réuniront du désert et des champs.

Salut à tes épaules sur lesquelles il mit
le joug de la croix du Verbe qui fut fait au temps de ses noces (spiri-
[tuelles);
Samuel, prie dans le tabernacle de la colonne de ton sacerdoce,
pendant que (tes épaules) sont plus larges que de larges montagnes,
pour que tes enfants soient plus nombreux que le sable.

* p. 95 * Salut à ton dos qui est couvert du vêtement de la splendeur
qui fit tous les jours l'œuvre de Pâques;
apôtre de l'Évangile, Samuel, prêcheur de la foi au palais,
mon âme que la main de l'ange de la mort a agitée
je te (la) donne pour qu'elle soit ton butin.

Salut à ta poitrine dont la substance est mystère,
et la couverture est une chemise précieuse;
Samuel, lion rugissant aux lionceaux;
qu'ils fuient et qu'ils soient confondus par ton rugissement merveilleux
les ennemis quand ils se lèveront contre moi.

Salut à ton sein qui élevait les enfants,
à la similitude de Josias fidèle, ses bons camarades;
engendrant les mille, Samuel, père des nombreux,
libère-moi avec ta libération de la servitude dure de Satan
dont le conseil est haï et dont l'œuvre est méprisée.

Salut à tes mains qui construisirent les maisons
pour offrir en elles les sacrifices à la gloire de son Dieu;
Samuel vigilant, comme tu réprimandes la paresse,
toi, qui le jour entier et la nuit entière
as fait les œuvres des vigilants.

Salut à tes bras qui firent faible la force des bras
de l'ange de la séduction qui, premier de tous, fit l'œuvre du péché;
Samuel, comme roi tu gouvernes le monde;
sauve-moi de l'œil de l'ennemi quand il s'arrêtera devant ma face,
qui fait la chair malade et qui brise les os.

* Salut à ton avant-bras fixé sur le bras * p. 96
dont la couleur est d'émeraude;
prince d'Israël, Samuel, fils de Yokébed,
fais descendre comme la pluie la manne de l'intelligence pour la nour-
[riture de toute la postérité,
ne donne pas ton administration à l'autre.

Salut à ton coude qui mesure la mesure
de la ville de la fleur ornée d'or de la splendeur et de l'élévation;
Samuel, prêtre, descendant de Samuel fils d'Elqana,
mon âme qui est l'enfant de l'âme de David,
que ta force la fasse prince sur le trône du royaume.

Salut à tes paumes, toutes les deux; elles se trouvaient en ce temps
à la miséricorde du pauvre toujours tendues;
Samuel, qui as prêché au peuple les paroles de la joie,
(moi) ton fils manquant d'espérance, quand ma folie dure longtemps,
je t'ai fait (ma) gloire pour que tu me fasses sage.

Salut à tes doigts qui sacrifièrent par l'ordre
l'agneau du salut frappé, pris par le buisson des fourrés [1];
Samuel, vin qui réjouit tous les tristes,
que ta force puissante fasse la guerre contre le serpent,
pour qu'il ne tue pas ma vie avec le poison.

Salut aux ongles de ta main qui couvrent le bout des doigts,
pour qu'ils soient la force de la frontière pour les mains;
administrateur du temps, Samuel, au siège de la période de ton admi-
[nistration,
sur la disposition de mes membres quand ils vacillent beaucoup,
envoie sur eux l'ange de support.

[1] Cf. Gen 22,*13*.

* p. 97 * Salut à ton côté qui est irrigué de l'eau
qui coula avec le sang du côté du ciel;
Samuel bienheureux, décoré avec l'ornement de la grâce,
abbā, *abbā*, que ton intercession lumineuse
brille dans l'abri de mon cœur à l'homme errant.

Salut à ton ventre qui souffrait l'affliction de la faim
et qui ne méprisait pas la détresse;
Samuel, le riche, qui rends riche l'âme,
quand ma vie, selon sa coutume, passera au bord de la mort,
de ta grâce qu'elle partage aussi la grâce.

Salut à ton cœur qui ne retenait pas la vengeance,
il s'élevait comme la montagne de la clémence;
Samuel, fais-moi participer à la part de ton héritage;
n'est-ce pas l'habitude, comme (le) montre la parabole,
(que) le père fasse son fils héritier de (sa) richesse ?

Salut à tes reins qui se salaient et se donnaient beaucoup de peine
en marchant toujours vers le ciel;
Samuel, qui ouvres la porte de colère avec la clé de la patience,
si les princes des ténèbres poursuivent clandestinement mon âme
selon ton habitude, fais-les prisonniers.

Salut à ta pensée qui pense au conseil des vertus
et qui sonde la profondeur de l'abîme;
Samuel, prie le Fils du Dieu puissant
pour qu'il enlève de la bouche du loup assassin
tes brebis qui s'éloignèrent du troupeau.

* p. 98 * Salut à tes entrailles qui étaient échauffées par la douceur
du fait de la croix du Verbe pendant qu'il est sacrifié n'importe où;
l'odeur du paradis, Samuel, qui sens plus que l'odeur de basilic,
montre tes miracles, ayant vêtu la splendeur
devant ton Seigneur dont le nom est Élohē.

Salut à tes intestins qui accomplissaient l'œuvre du ministère
chacun selon son ordre;

les anges devant la porte du ciel explorent chacun de nous,
avec mes frères et tous mes camarades
nous leur dirons : « Père de nos esprits est Samuel ».

Salut à ton nombril qui est appelé la tête des entrailles
au temps où ton corps apparut de l'intérieur du sein;
Samuel, quand mon cœur désire ardemment,
libère-moi avec la main de la force en soulevant mon âme
où fleurit le vin de la joie, où le grenadier fructifie.

Salut à tes lombes qui se ceignirent du collier de fer
au lieu de la ceinture rouge égale à celle de Jean;
Samuel, qui donnes la grâce après la grâce,
quand la porte de la maison du péché, du corps, sera ouverte,
que ton intercession ferme et mette la barre transversale.

Salut à tes jambes qui portèrent le poids des membres
en se regardant face à face;
Samuel, après qu'ils admiraient tes miracles à la raison,
les sages qui se réunirent à la cour de la sagesse,
ils allèrent sur tes routes et portèrent la croix.

* Je dis salut à tes genoux * p. 99
qui sacrifiaient le sacrifice de la louange à l'heure du matin et du soir;
Samuel, Luc le médecin, serviteur,
mon cœur que l'ange fit malade,
père, guéris, pour qu'il ne meure pas en vain.

Salut à tes pieds qui servaient au Créateur,
similitude du serviteur soumis et de l'esclave fidèle;
Samuel, Pinhas, descendant des descendants de Ori,
que ta force pique avec la lance de la langue éloquente
le Satan Kasbi et le pécheur Zamri.

Salut à ton talon qui est le talon des anges
que couvrent les souliers de l'aide;
supplie ton Maître, Samuel, avec soin,
pour qu'il prépare la récompense de mon ministère
quand chacun recevra son salaire qu'il attend.

Salut à ta plante du pied qui foulait le dos de la mer
en apaisant les flots et tranquillisant les ondes;
quand (le Seigneur) ramassera tes grains sur l'aire, Samuel,
que ne me sépare pas du blé publiquement
la puissance de ta pelle à vanner qui sépare l'ivraie.

Salut à tes orteils qui ne heurtèrent pas à la pierre de la folie
au temps où ils passaient sur la vie de la prédication et de l'enseigne-
[ment;
cèdre de la foi, Samuel, associé à Takla Hāymānot,
que sont nombreuses et verdoyantes les aiguilles des branches de tes
[instructions,
jusqu'à ce que les oiseaux survivent sur elles de la perdition.

* p. 100 * Salut aux ongles de ton pied dont l'aspect est suave,
et semblable au cristal;
orne-moi, le nu, avec l'ornement de la lumière brillante,
Samuel, la fleur du mois du printemps,
l'ornement de l'odeur de bons pères.

Salut à ta stature, de la mesure de la taille du Verbe
qui apparut dans la chair de Marie la Vierge;
au jour du jugement, Samuel, et à l'heure de la vengeance
rachète-moi, (moi) ton fils, avec l'or des vertus et du combat,
quand péniblement le juste sera sauvé de la perdition.

Salut à ta forme (qui est) comme la fraîcheur du vin agréable,
que l'ardeur ne fit pas pourrir;
rachète-moi, Samuel, de la soumission à la servitude amère,
parce qu'il me serre, moi, le serviteur de ton Seigneur, le serviteur
Satan, le Pharaon, dont l'œuvre est contraire.

Salut à la sortie de ton esprit de la tour du corps construite,
(là) où est le palais des affranchis sans (aucun) défaut;
bâton de la foi, Samuel, ange de la discipline,
que tes miracles se fassent connaître comme le support des vacillants
[à cause des obstacles,
où sont réunis les élus amis.

Salut à ton corps mort jusqu'à ce qu'il soit appelé par la vocation
à l'intérieur du sépulcre profond en attendant l'espoir de la résurrection ;
Samuel, en combinant harmonieusement les paroles moins les inconve-
[nantes
bénis tes enfants où ils font la réunion
avec la bénédiction du père et de la mère, des vieillards tous les deux.

* Salut à l'enveloppement de ton corps dans les vêtements saints et purs * p. 101
et dans l'odeur du baume excellent dont le prix est grand ;
splendeur des fidèles, Samuel, étoile du matin,
or viens, console-moi des pleurs
avec le bord du nuage qui est plus beau que le soleil et que la lune.

Salut à ton sépulcre dont la construction est plus belle
que l'édifice de Salomon le sage ;
père des anges, Samuel, qui as jeté les fondements
de ta mère, la maison de la prière, Dabra Wagag Ephrata
qui te nourrissait avec ses deux mamelles.

Salut au passage de ton corps du sépulcre au sépulcre
et encore à ta résurrection au moment de l'accomplissement de l'œuvre ;
prépare-moi la couronne de la gloire et de l'amour,
la récompense de mon chant dont le sermon est bref en paroles,
Samuel, plus illustre que les illustres.

Je t'ai offert la contribution de la louange et du don
au lieu de l'argent blanc, à ta magnificence, pèlerin ;
comme ton Maître a reçu le sacrifice d'Abraham, le père de Juda,
Samuel, étant reçu à l'assemblée du royaume du ciel
avec ton nom écris le nombre (de lettres) de mon nom.

Samuel et Josias par la force de la croix glorieuse,
Marʿawi, Ferē Mikā'ēl, la croix nous racheta de la perdition,
Za-Rufā'ēl, Ḥezqyās, Asrāta Māryām la Vierge,
Za-Kirub, Takla Abrehām, Ḥaliba Wangēl,
Makfalta Māryām, notre gloire, Qeddus Amlāk, le Haut,
et Takla Hāymānot, le père avec Jean le Confiant,
venez nous bénir à la chapelle.

PASSAGES BIBLIQUES

Gen(èse)

1,26 : 50
22,13 : 73

Jg (Juges)

16,30 : 46

1 S(amuel)

1,21 : 56
1,22 : 56
7,5 : 4

Ne (Néhémie)

8,1-16 : 1
10,1 : 1

Job

2,9 : 48
40,4-5 : 48

Ps(aumes)

26,2 : 48
27,12 : 45
30,6 : 62
37,4 : 2
37,5-6 : 7
37,16 : 45
37,21 : 58
40,5 : 35
91,1 : 31
93,1 : 67
93,12 : 35
94,1 : 58
95,1 : 14
104,19-21 : 57
105,4 : 7
106,2 : 39
106,38-39 : 30
112,2 : 52
115,5-8 : 30
119,1 : 35
121,1-3 : 41
143,2 : 48

Pr(overbes)

30,19 : 46

Si(racide, Ecclésiastique)

23,17-18 : 49
25,20-22 : 49
26,9 : 49
37,11 : 21

Ez(échiel)

1,5 : 13

Mt (Évangile selon S. Matthieu)

5,28 : 47,50
6,30 : 22
6,33 : 7
7,7 : 37
7,13 : 52
10,41 : 59
17,20 : 7
19,24 : 45
25,33-40 : 57
25,41-45 : 57
26,69-75 : 21

Mc (Évangile selon S. Marc)

9,29 : 7

Lc (Évangile selon S. Luc)

7,11-17 : 16
17,6 : 7, 70
22,19 : 59

Jn (Évangile selon S. Jean)

11,32-44 : 16
15,9.12 : 44

Ac(tes des Apôtres)

13,22 : 46

1 Co (Première Épître aux Corinthiens)

9,22 : 58

Éph (Épître aux Éphésiens)

6,14-17 : 29

1 Tim (Première Épître à Timothée)

6,9 : 45

Jc (Épître de Jacques)

4,11 : 45
5,16 : 38, 62

1 P (Première Épître de S. Pierre)

3,15 : 44

1 Jn (Première Épître de S. Jean)

4,18 : 21

Ap(ocalypse)

4,8 : 15
22,15 : 45

NOMS DE PERSONNE

(Nom de Samuel et celui de la Sainte Vierge Marie sont omis dans cet index).

Samson, 46.
Samuel (prophète), 38, 73.
Samuel de Waldebbā, III, VIII.
Samyāzā (ange), 47.
Sayfa Arʿad, VI, VII, VIII, IX.
Seth, 47.
Sirach, 21, 41, 49.
Strelcyn, S., 6.
Susanne, 45.
Ṣeyon Zamadā, 27.
Tādēwos de Enasedestey, 12, 60.
Tādēwos de Dabra Deḫuḫān, 5.
Takla Abrehām, 6, 60, 77.
Takla Amin, 5.
Takla Hāymānot, II, III, IV, V, VII, X, XII, XIII, 2, 3, 4, 5, 6, 7, 38, 44, 60, 76, 77.
Takla Kirub, 13.
(abbā) Takla Māryām, 60.
Takla Ṣeyon, IX, X, 8, 9.
(abbā) Tanse'a Krestos, 60.
Tasfā Giyorgis, 67.
Tasfā Māryām, 68.
Tasfā Masqal, 62.
Tasfā Ṣeyon, 27, 49, 64.
Tēwodros, 35.
Thomas, 24, 35.
Turaiev, B., IX, X.
Urie, 46, 47.
Walata Kirub, 13,
Walata Ṣeyon, 40.
Wedma Agman, 27.
Wendt, K., XI, XII.
(abbā) Yāʿqob, VII, IX, 7, 8, 39.
Yedāy Anbasā (Yabur Ablit, Bēta Samʿakiygi), 34.
Yesḥaq, VI.
(abbā) Yoḥannes, VII, 39.
Yoḥannes de Dabra Bizan, III.
(abbā) Yoḥannes de Wandalā, 41, 60.
Yokébed, 73.
Za-Iyasus, 25.
Zakāryās, 27, 31, 34.
Zakāryās de Wagag, 6.
Za-Kirub, 77.
Za-Mikā'ēl, 68.
Zamri, 75.
Zangwabagar (démon), 18.
Zar'a Madḫen, 62.
Zar'a Ṣeyon de Wagag, 6, 61.
(abbā) Zar'a Ṣeyon de Barṭeñ, 60.
Za-Rufā'ēl, 77.
Za-Walda Māryām, 68.
Zar'a Yāʿqob (roi), III, IV, V, VI, VII, XI, XII, 8.
Zazeb Agam (démon), 26.

NOMS DE LIEU

Adda Šawā, III.
Addis Ababa, II, XIII.
Alāt, VII.
Ambā Māryām, I.
Awda Kantu (Bēta Māryām), 41.
Bagad, 62.
Barṭ,eñ 60.
Baṭāmo, 18, 20.
Bēta Māryām, 60.
Bulgā, II.
Canaan, 30.
Choa, II, XI, XII.
Çarçar, II.
Dabra Abbāy, I.
Dabra Asābot (Asbot) Deḫot, II, IV, 68.
Dabra Bizan, III.
Dabra Degmeʿu, 25.
Dabra Deḫuḫān, 5.
Dabra Haqalit, IX.
Dabra Kirub, 13, 15, 25.
Dabra Ledatā la-Ḫaddāsyu Tāʿewā, III.
Dabra Libānos, II, III, IV, V, VIII, IX, X, XII, 55.
Dabra Ṣeyon, 67.
Dabra Wām, 5.
Dafasān, 43.

D. 1968/0602/24.

Imprimerie Orientaliste, S.P.R.L. Louvain (Belgique)